U0456184

A BIOGRAPHY OF
QI CHANGQING

齐长庆传

高齐 著

团结出版社

图书在版编目（ＣＩＰ）数据

齐长庆传 / 高齐著. -- 北京 ：团结出版社,
2021.1
ISBN 978-7-5126-8207-8

Ⅰ. ①齐… Ⅱ. ①高… Ⅲ. ①齐长庆－传记 Ⅳ.
①K826.15

中国版本图书馆 CIP 数据核字(2020)第 167128 号

出　版：团结出版社
　　　　（北京市东城区东皇城根南街 84 号　邮编：100006）
电　话：（010）65228880　65244790　（出版社）
　　　　（010）65238766　85113874　65133603（发行部）
　　　　（010）65133603（邮购）
网　址：http://www.tjpress.com
E-mail：zb65244790@vip.163.com
　　　　fx65133603@163.com（发行部邮购）
经　销：全国新华书店
印　装：三河市东方印刷有限公司

开　本：170mm×240mm　　　16 开
印　张：16.5
字　数：197 千字
版　次：2021 年 1 月　第 1 版
印　次：2021 年 1 月　第 1 次印刷

书　号：978-7-5126-8207-8
定　价：58.00 元
（版权所属，盗版必究）

中国现代生物制品科学事业的拓荒者、灭杀天花的功臣齐长庆先生

目　录

序　言

董衍林

2020 年，新冠肺炎疫情流行，波及 210 多个国家和地区，影响 70 多亿人口，夺走了无数人的宝贵生命。中国政府和人民经过艰苦卓绝的努力，付出巨大代价，有力地扭转了疫情局势，维护了人民生命安全和身体健康。

在这个特殊的年份，出版齐长庆同志的传记无疑具有特殊的意义，因为齐长庆同志为中国消灭天花做出了巨大贡献。

历史上，天花曾经困扰人类数千年，夺走数以亿计的生命。1961 年 6 月，中国最后一名天花病人痊愈出院，新生的人民政府只用了 11 年时间，就消灭了这个瘟疫，比世界卫生组织宣布全球消灭天花的时间整整早了 16 年。

在中国消灭天花的战斗中，齐长庆居功至伟。他研究的"天坛株"痘苗毒种，为中国预防和消灭天花做出了卓越贡献。

齐长庆，字景如，北京人，是我国现代生物制品事业的重要奠基人和开创者，兽医科学家、发明家。

1896 年 12 月 26 日，齐长庆生于北京一个没落的满族镶黄旗贵族家庭，少年时便立志："不为良相，但为良医。"1914 年考取陆军兽医学校，1919 年 3 月，我国第一个防疫机构"中央防疫处"在北京天坛成立，齐长庆被推荐任技术助理员，四年后任该处痘苗室主任。1924 年他被选派到日本东京帝国大学传染病研究所进修一年，主要学习破伤风抗毒素的制造和疫苗生产。1953 年，齐长庆被任命为兰州生物制品所所长。1992 年在北京逝世，享年 96 岁。

回顾齐长庆同志致力于科学发展和技术创新的一生，有四个闪光点值得后辈学习和借鉴。

一、齐长庆同志是灭杀天花的功臣，是我国现代生物制品事业的重要奠基人

人类文明史是一部同疾病和灾难做斗争的历史，其中与天花的斗争史更是充满血和泪。

天花在中国流行，最早可以追溯到公元 1 世纪。18 世纪，欧洲死于天花的总人数在 1.5 亿以上，而在亚洲，天花每年吞噬的人口达 80 多万。经过几代科学家不懈努力，最终研制出消灭天花病毒的疫苗。这其中的关键人物就是齐长庆。

1926 年，一名天花病患者来到京师传染病医院，齐长庆和他的助手李严茂提取了患者身上的病毒，接种到猴子的皮肤上传了二代，再接种到家兔的皮肤和睾丸上传了五代，又接种到牛的皮肤上传了三代，经过十代减毒之后，一种免疫力好、副作用小的天花痘苗毒种"天坛株"就此诞生。

齐长庆创建"天坛株"毒种，为中国消灭天花的战斗拉开了序幕。经

过漫长的岁月，在新中国人民政府的领导下，他又亲自参与历时 11 年的接种天花疫苗的全民种痘运动，他和全体中国人民一起战胜了恶魔天花。

中国制造的"天坛株"天花疫苗所向披靡，将吞噬全球几亿生命的烈性传染病天花，在中国斩草除根。中国在这场伟大的战斗中，早于世界其他地区 16 年取得了彻底的胜利（依据中国和国外最后一例病例发生时间）。

中国消灭天花是中国现代生物制品科学史上重要的里程碑。全世界消灭天花既是人类预防医学科学史上团结合作的成功典范，也是人类公共卫生史上划时代的伟大成就。

更为可贵的是，通过使用人工免疫法，人类消灭了传染病天花，这为人类控制和消除其他传染病提供了宝贵经验。

现在，"天坛株"已经成为多种重组疫苗的载体，除了天花疫苗、乙肝疫苗外，世界上第一个全面进入二期临床实验的艾滋病疫苗也是以"天坛株"为载体重组的。齐长庆同志严谨的科学追求和博大的人文情怀，源于他前瞻性的全球眼光和对科学技术发展的深刻理解。

齐长庆同志从事中国生物制品事业 70 余年，为人正直，谦虚谨慎，从不居功自傲，在生物制品这个预防科学的领域里辛勤耕耘了一生，对中国生物制品事业做出了载入史册的开创性贡献。1931 年，他筛选固定了狂犬病疫苗毒株——"北京株"，大大减少了我国狂犬病病例；1957 年，他主持起草了我国第一个小动物饲养管理条例，这是我国第一部实验动物饲养管理规程，为我国实验动物事业的发展做出了重要贡献。这些大胆创新和科学实践，与他实事求是的科学精神密不可分，体现了一位科学工作者的无私和担当。

二、对中国共产党和社会主义信念坚贞不渝，是他战胜一切困难挫折的精神动力

齐长庆同志一生爱国、正直、廉洁，拥护中国共产党。在"文化大革命"中，他被打成"反动学术权威"，受到不公正待遇和批判，但对中国共产党和社会主义信念始终不渝，1981年以85岁高龄加入中国共产党。

齐长庆同志亲眼目睹旧中国许多优秀的知识分子为了救国救民，不畏困难和强权，坚持不懈地英勇斗争，然而这些努力均以失败而告终。那时的他怀揣科技救国的梦想，一心想着为民除掉传染病之害，埋头搞技术，远离政治，拒绝所有党派、宗教、会道门的邀约，然而在内忧外患的处境中，自以为是地独善其身、洁身自好的想法，并未引领他实现救国救民的理想。身陷颠沛流离之苦的他，此时开始意识到光凭科研人员无限的"科学救国"信仰，是无法到达救国救民的彼岸的。

他不止一次地说过："于我个人而言，在共产党的领导和支持下，我终于实现了建设一所科技机构的梦想。共产党给予我充分的信任，继续留我在兰州所担任所长十几年，我这才有机会将自己所有的才能施展出来，中国共产党对我有知遇之恩。以大局而言，在共产党的领导下，中国的生物制品科学才真正得到重视，人民群众才真正免于传染病的侵害。"

1981年6月26日，85岁的齐长庆光荣地加入了中国共产党，实现了他多年来的愿望。在入党申请书中，他写道："我认识到中国共产党之所以坚强有力就是因为她代表了人民群众的根本利益，她的言行始终是以符合人民群众的最大利益为最高标准，因此光明磊落，不谋私利。"

从齐长庆同志的经历中，我们发现一个道理：没有和平、安宁的国

家，中国科学技术不可能持续进步，也不可能让人民的健康水平得到稳定的提高。

三、中华民族传统医学是他取得成功的前提

在研制"天坛株"的过程中，齐长庆同志从中华民族的传统医学中汲取了不少宝贵经验。

清代名医朱纯嘏的《痘疹定论》中记载，在宋真宗年间，宰相王旦的几个子女陆续死于天花，最后只剩下一个孩子王素，于是他请来各地名医来帮王素预防天花。一位住在峨眉山的神医将天花患者的痘痂取下磨成细末，吹进王素的鼻孔后预防成功，这就是后来流传的人痘接种术。

正是在前人的基础上，1926年，齐长庆下定决心，要用中国的毒株生产中国的疫苗。后经专家基因测序证实，中国消灭天花，完全是靠中国的"天坛株"疫苗的预防接种，与英国琴纳（免疫学之父，牛痘苗发明者）的牛痘苗没有直接关系。"天坛株"的研制和使用，为我国在世界上较早灭杀天花建立了历史性功勋。

如今，"天坛株"已改造成非复制型病毒疫苗载体株，为新型疫苗研制继续发挥作用。

从中国人民抗击天花的经验来看，包括中医在内的中华传统医药文化在其中发挥了重要作用。中医药学包含着中华民族几千年的健康养生理念及其实践经验，是中华文明的一个瑰宝，凝聚着中国人民和中华民族的博大智慧。

2020年6月2日，习近平总书记在专家学者座谈会上发表讲话指出，中西医结合、中西药并用，是这次疫情防控的一大特点，也是中医药传

承精华、守正创新的生动实践。要加强古典医籍精华的梳理和挖掘,建设一批科研支撑平台,改革完善中药审评审批机制,促进中药新药研发和产业发展。要强化中医药特色人才建设,打造一支高水平的国家中医疫病防治队伍。要加强对中医药工作的组织领导,推动中西医药相互补充、协调发展。

有志于现代生物研究的科研工作者,要学习齐长庆同志对待中华传统医学的态度,推动中华传统医学走向世界,充分发挥中华传统医学防病治病的独特优势和作用,为建设健康中国、实现中华民族伟大复兴的中国梦贡献力量。

四、热爱国家、坚持真理,要努力挖掘齐长庆同志身上闪耀的精神力量

齐长庆同志一生中遭受了战乱和政治运动的冲击。中国知识分子"虽九死其犹未悔",历经磨难,热爱国家,坚持真理的品格,在齐长庆同志的身上体现得极为突出。

作为齐长庆同志的后辈,作者高齐没有"为尊者讳,为亲者讳,为贤者讳",也没有满足于对传主一生经历的简单再现,她在叙事中着力表现人物的精神品格,以丰富而真实的细节和情节,以平常故事展示齐长庆的道德人格和思想情操,多维度挖掘出齐长庆同志的精神世界。

齐长庆同志不仅是中国现代生物制品科学事业的拓荒者,也是一个平常人,他的一生充满坎坷挫折;面对故里,面对家事,他也有自己的情感和挣扎。从齐长庆同志的家庭成长环境到他的求学之路、科学追求,到天伦之乐、叶落归根,这本书既记录了齐长庆同志的风雨人生,也从

侧面刻画了时代变迁中的危机与生机。作者以客观平实、审视思考的眼光，在民族、国家以及人类的立场上书写齐长庆同志的经历，使作品更具有宏阔视角；同时以翔实丰富的细节，从复杂严峻的科学探索的广阔背景中刻画出了一个立体又真实的科学家形象。

　　齐长庆同志在科学研究上的不懈追求，他所坚持的科学精神，以及不为任何世俗力量所腐蚀的坚韧向上的力量，对我们国家和民族具有重要的意义。病毒的存在比人类更为古老。26年前印度的鼠疫事件，17年前中国的"非典"，6年前西非的埃博拉，今天的新冠肺炎。大的瘟疫每天死亡人数达万人，总数近亿，持续时间最长的近千年，给人类带来了极为深重的灾难。我们不会忘记在每一场战"疫"中付出心血的科学家、医学家，如伍连德、齐长庆、钟南山……他们属于人民，属于国家，他们的身上映显着时代精神和知识分子的风骨，他们的精神永不落伍，我们的时代需要这些"中国的脊梁"。

　　是为序。

2020年8月8日

　　（序言作者董树林先生系医学生物工程研究员，兰州生物制品研究所原副所长，中国医学细菌保藏管理中心炭疽芽孢杆菌专业实验室原负责人。）

第一章

求学之路

满族家庭

1896 年 12 月 26 日，丙申年冬月廿二，朔风凛冽、草木萧瑟，成瑞的小儿子呱呱坠地。成瑞，祖姓喜塔腊氏，隶属于满八旗的镶黄旗，世授武职，13 岁入职武行，武艺精湛，擅长马术，曾任咸丰帝神机营左哨马队教习、营总，因家中排行第二，帝呼其"马成二"，后以积功升任正阳门城门领，钦授蓝翎正四品，钦赐夫人领正四品夫人衔，后又特赐二品顶戴和花翎。不久，成瑞的族谱里，新添了一个喜兴的名字：长庆。

长庆 5 岁那年，母亲送他到学生铺读书，只不过读了本三字经。学生铺里除了教授"人之初，性本善"之外，还设有售卖糖豆、果品的零食摊。年幼的他禁不住这些甜蜜蜜的诱惑，用母亲给的买早点的钱，全部换了零食吃，同时还换来了甜蜜的痛苦：胃病。治疗了小半年，他的胃病才完全治愈。后来，母亲依旧锲而不舍地送他去拔贡连先生的书馆，又读了一年书。

1900 年庚子之变后，北京有了学堂，于是 1904 年（光绪三十年），母亲将他送到老君堂的北京第六初小继续读书。

长庆 8 岁时，父亲已经奉旨，照领全俸，在家养老。平日里，父亲总板着一张威严的面孔和一副审慎的态度，绝不允许五个儿子在学业上稍有懈怠。儿子们均不敢在父亲面前有任何张八样儿，个个谨言慎行，按说老幺儿子长庆或许是个例外，然而父母也未曾偏疼偏爱过他。

长庆 11 岁那年，家人呼唤父亲吃饭，这才发觉他老人家已然在睡梦中悄然离世。毫无心理准备的一大家子人，顿时失魂落魄、慌了手脚。家庭的责任和重担陡然落在了母亲和大哥的肩上。

父亲突然故去，家里的生活日渐拮据，母亲不得不精打细算起朝廷发放的那点父亲微薄的抚恤金，她也愈发强势，不顾家人的怨言，一股脑儿地把属于各家名下的金银首饰和值钱物件，归拢于自己手头，统一存放、统一管理，以备万一。

即便家中经济趋紧，母亲却从未闪过停歇孩子们学业的念头，她捧着喜塔腊氏的衣钵，执拗地督促几个儿子要学业有成。那时北京的学堂还是以读经为主，那些所谓的国文不过是改头换面的八股文，各科教材也大多是科举时代的内容。高等小学的校长多是翰林、进士，或者举人出身，而教师也多为秀才出身，教学内容还是原先换汤不换药的忠君爱国之说。

说实话，长庆对四书五经毫无兴趣。教书先生也毫不留情地告知其母："朽木不可雕也！"

这句话激得劳心劳力培养儿子的母亲火气直蹿脑顶，急赤白脸地吼道："你是想学那些败家子儿吗？成天提搂着鸟笼子过活，最后没吃没喝没人样吗？"

受到斥责的长庆，心里会小声儿咕哝："科举都废除了！"

母亲仿佛能听到似的，立马眼睛一睖，音调尖锐："人活着，得有心气儿！"

母亲的尖声怒骂冲入耳鼓，可他的脑袋里飘荡的却是那些骑着高头骏马，潇洒自如地挥舞马鞭的八旗男儿。

但很快，升腾的仰慕之情又被这些人的现实光景打了折扣：

不学无术的八旗子弟，连口饭都混不饱，他们之前沉迷于踢球、斗蟋蟀、玩鸟、抽烟、喝酒、赌博、掷骰子、摸骨牌，终日无所事事，最终都走上了祸福自成的道路……

回过神来，他的眼睛迎面撞上了母亲犀利的眼神，在一股看不见的狂风席卷之下，他忙不迭地跑回书桌旁，不情愿地捡起令他生厌的书卷，一边安慰自己："忍忍就好了，忍忍就好了！"一边扯着嗓子不知所云地念诵起来，似乎只有这样，才能平抚母亲的暴怒，平息先生的断言，也平静自己的天地。

彼时疾言厉色的母亲瞅着不成器的小儿子，不无困惑地跟家人念叨："先生总说长庆朽木不可雕也，可初小学制五年，这孩子只念了三年，报考了北京第一高小，录取了150人，他排名第四，跳级念了高小，怎么就成了块朽木呢？唉，别怨我嘴毒，总呲嗒儿你们，不求你们拔尖儿，只求你们将来都能堂堂正正地养活自己个儿。"

八旗没落

"长庆15岁了，老大不小了，不能总在家闲待着，得为将来做打算！"母亲忧心忡忡。

1911年，辛亥革命爆发。14岁的长庆高小毕业。在新旧制度的历史巨变中，失势的八旗子弟已经走向没落，那些没有文化，没有手艺，又无正业的八旗子弟，顿时落入饥寒交迫的窘境之中，有的旗人开始明里暗里的典当祖传物件，即便光景好些的，也不外乎是当警察、做小贩，或者依靠儿女的赡养过活，很多八旗子弟不得不为混饱肚子，拉下脸面，干起了拉洋车和卖苦力的行当。

长庆还记得父亲成瑞曾经说过："咱们家是皇上亲自统领的镶黄旗，在满族八旗中属于上三旗。八旗原本骁勇善战，可后来怎么就不成了？满族人进北京后，皇上把海子（北京南郊南苑）开辟成了一块皇家猎苑。

为什么呢？就是咱们满族人还需要练习弓马骑射的功夫。大批的鹿、狍子从东北运进了海子里，供打猎使用。可是，谁承想，这些猎物，在新的环境里，食物充足，它们懒得动换，你射你的，它就原地儿待着受死。八旗子弟就是这些海子里的狍子，成天吃饱喝足了，游手好闲，无所事事，不思进取，身体垮了，精神也废了！"

长庆也不可避免地被裹挟进历史变革的洪流之中，也就是辛亥革命爆发的这一年，原本八旗子弟教育享有免费的权利，随着总管京师八旗教育的八旗学务处的撤销，这一特权随之而丧失，长庆不得不辍学一年，闲待家中。

在母亲的严格管束下，15 岁的长庆已经蜕变成体恤寡母、尊敬兄长的少年。在这冬去春来，暖意融融之时，一个颀长挺拔的身影，落入庭院之中，似乎暖阳只照拂他以外之物，唯有寒凉如影随形。无所事事的他该何去何从？他不清楚！母亲似乎也不清楚！

家里岁数大的几个人一起拿了个主意："咱们八旗子弟既然没了教育免费的优势，长庆倒不如以务农为生吧。"

原先希望他能求学上进的母亲，也在世事的变迁和经济的重压下开始妥协："务农为生，我看也成，四块玉那儿不是还有块儿地嘛。"

京师公立第二中学校

1912 年的中国经历着摧枯拉朽、翻天覆地的变化。1 月 1 日，孙中山先生宣誓就职中华民国临时大总统。2 月 12 日，大清国的宣统皇帝溥仪宣布正式退位。3 月 10 日，袁世凯在北京就任中华民国临时大总统。4 月 2 日，南京临时参议院将临时政府迁往北京，北京正式成为北洋政府驻地。

新的世界里，吐故纳新变成常态，各种新式的学堂雨后春笋般地生长起来。新学堂开始废除四书五经这类旧教材，将新兴的学科纳入中国的教育体系之中。

随着中国政治时局的重大转变，祖姓喜塔腊氏的长庆家，改姓为齐，喜塔腊·长庆改称齐长庆，字景如。就连母亲，也跟随潮流，改名为潘清洁。

1912 年 8 月，正计划学习农事，过一犁一耙、自耕自种生涯的长庆又迎来了毫无新意的一天。忽然，同学韩寿颐像一阵小风儿似的钻进了齐家，他给正在家中苦闷彷徨的长庆带来一则消息："史家胡同的左翼八旗学堂，改为京师公立第二中学校。第二中学招考新生，凡是高小毕业，不限民族，都可报考。"

看着兴高采烈、脸上淌着热汗的韩寿颐，长庆有些犹疑："我有一年没好好读书了，怕是不成吧？"

韩寿颐撇撇嘴，不以为然："咱俩儿一起报考，只考算术和国文两科，何妨一试嘛！"

韩寿颐的话语像一团火似的烘烤着长庆，长庆冷却的心里，仿佛被揣进了一个汤婆子。两位少年马不停蹄，结伴报考了第二中学。

放榜那日，齐长庆三个字赫然名列榜首，突如其来的喜讯，荡漾出长庆脸上久违的涟漪，就在那一瞬间，他的未来，从隐约里亮了相，一条敞亮的朝天大路立时在了眼吧前儿，他不禁自言自语道："读书就是我的出路，读书可以安身立命！"

独占鳌头的长庆有点急切，又有点胆怯，毕竟上学需要费用。他极想告诉谨慎而周到的大哥："我想继续念书。"同父异母的大哥原在清宫内任"内廷行走"，他对母亲和兄弟们极尽孝悌之义，每逢发放俸禄，他均是当日交于母亲，受到慈禧太后赏赐，也立马呈送母亲收藏。清帝逊位后，大哥丢了差事，原先英气逼人、周全体贴的大哥如今眉宇间常含着一个能滴出水的川字。

母亲显得格外高兴，正被祖训熬煎着，老天爷却在不经意间，引了条出路，她摩挲着儿子的脊背，透露出少有的温情，柔声鼓励道："书中自有千钟粟。"这句话，她也是听来的，也许在她的心里，读书也是一种耕作，只不过是等级更高的耕作，因为它的收成要好些。

能够上学的孩子，通常都有经济状况较好而又比较开明的家庭，这些父母都希望子女通过读书获得更好的前程，而家境贫寒的孩子，一般为生活所迫，为减轻家庭负担，别无他途，只好选择就业。

1912 年暑期过后，天朗气清、金风送爽，京师公立第二中学校正式开学，挂出代表汉、满、蒙、回、藏五族的红、黄、蓝、白、黑组成的五色共和国旗，全体学生集合，聆听校长文元先生讲话。文元先生生于农家，也是八旗子弟，系黄旗官学学生和日本留学生，他在开学典礼上言辞恳切，勉励学生们好好学习，遵守校纪校规。

第二中学全校学生有 100 多人，教员约 20 人。齐长庆就读于丙班。甲班和乙班分别由 1910 年及 1911 年入学的学生组成。甲、乙两班的学生全部为八旗子弟。丙班虽然各族学生都有，但还是以八旗子弟居多。

学校的课程有国文、修身、英文、代数、几何、理化、博物（人体卫生、动物、植物）、中外史地、乐歌、图画、手工、体操等。校长文元先生担任修身课程及训育工作。算学教员崇文（崇质伯），国文教员钟启（钟逸峰），英文教员德斌（德少古），他们都是京师优级师范学堂（近代专门培养师资的高等学校）的毕业生。教授博物的定先生（荣生）是日本早稻田大学优级师范毕业生。这些教员自身学有专长，对待学生循循善诱，齐长庆从他们的教导中汲取了丰富的文化知识和科学救国的思想。

第二中学有年考、季考，平时有练习作业，还有抽考。学生个个埋头苦读，用心学习，没有人考试不及格，也没有人不遵守纪律。在校期间，学生们严格遵守学校的戒条"莫谈国事"。大家也从不谈论政治，一门心思都扑在学业上。

齐长庆的同学大多比他年长几岁，有的已经娶妻生子。上学期间，学生全部剪掉辫子，多数人都推了光头，这样既干净利落也省事省钱。裹在略显肥大的对襟立领的蓝色长衫里的齐长庆，也剪掉辫子，剃短了头发，瞅着穿衣镜中自己的新模样，长庆顿时觉得分外清爽。

丙班里，除了个别家境好的学生穿着皮鞋，略显捌饬的痕迹之外，其余学生衣着寒素，无论冬夏，均穿布鞋、布袜，身上也基本就罩着一件洗得发白的蓝布大褂。

进入中学，正踏在时代转换的节点上，齐长庆的思想也有了一次质的转变。之前那些禁锢他的四书五经，被新的风气逼退，他因之而失去的信心和倦怠的精神，犹如春日暖阳，渐渐地复苏回涨。这时的他，静静地观察着自己的变化。原来先生说自己思维迟钝，那不是真话。读书竟然如行云流水般令人酣畅淋漓，过往读经时积累的晦暗心绪陆续飘散。对他而言读书突然就变成了快乐之事和容易之事。

思想转轨之后，行动也随之有了变化，以前的拖沓作风和他挥手作别，孜孜不倦地学习变成了他的常态。学习这种神秘的力量也对他投桃报李，赐予他越来越灵活的大脑。每当倦怠袭来，换一个科目来读，大脑很快就像新磨的小刀一般，锃亮锋利，分外好使。学习如一股清泉，淌过他身体里的田间地头，其间的作物潜滋暗长，也松动了他有些板结的土壤，就在心田日渐绿意葱茏之际，他的身体也随之强健起来。在连绵不断的学习中，他逐渐悟出一套思考问题、分析问题和解决问题的方法，他开始体味到自己身上涌动着一股暗藏的力量。

学校常规教授的内容，已经无法满足他的需求，他开始寻找机会，阅读各种各样的课外书籍。凑巧的是，齐家隔壁的街坊，有一位教授理化的年轻先生，这位先生大学毕业，知识渊博，齐长庆特别尊敬他，两人闲聊时，齐长庆瞅空，便向先生求教自己不懂的理化知识。先生也乐于画龙点睛地为他讲解知识要点，还借给他相关书籍。齐长庆如获至宝，回家后立即细细揣摩、研读这些新鲜而未知的内容。额外的收获，不仅释放了他探索新知识的欲望，也满足了他在精神上无法言表的愉悦感。

1914 年 6 月，已读两年中学的齐长庆，路过毕业班的教室，听到文元校长正高声鼓励二中毕业班的学子们报考军校："军医学校正在招生，学校不收学费，衣食住行，书籍文具，都由公家提供，每月还发二元零用钱！"这些话语，牢牢地将长庆钉在了原地。

二中学生的学习成绩，在各个学校的横向排名中，经常是拔得头筹，然而二中毕业生的升学率却不高，这倒和成绩无关，而是大学学费太高，普通家庭根本供养不起大学生，因此大家都希望能考入公费的大学，免除家庭沉重的经济负担。文元校长的这通宣讲，搁着谁，都会一直钻进心里去。

齐长庆的二哥、四哥都考入公费的军校。二哥毕业后做了武官，三哥经商，齐家的生活已有转机，但日子过得还不算宽裕，他不忍心因自己继续念书，给家人带来精神及经济上的负荷。然而，此时的他，中学刚念了两年，尚有两年才可毕业，他又听人说前一年军校招收了 60 名学生，可报名应试的考生有近千人，竞争如此激烈，自己能行吗？

1914 年的夏天，天津陆军军医学校和陆军兽医学校同时在北京招生，招生工作统一由陆军兽医学校校长姜文熙主持，他在军界德高望重，为人公正，不受请托。

虽然军校招收人数有限，但这次考试是诸多贫困学生梦寐以求的求学途径，谁又能割舍下这次难得的机会？齐长庆同样也极度渴望获得这次求学的机遇，即便他是如此的忐忑不安。

军校的考试科目有国文、数学、英文、理化。最令他怵头的是理化考试科目，他还未曾在学校正式学过，仅仅是粗略自学，也不知自己是否真正透彻理解了书中内容。

文元校长多次不遗余力地鼓励毕业班的学生报考军校，他的话语极具诱惑力，学生们个个心潮澎湃、纷纷积极响应，一股脑儿地全部报名应试。与此同时，丙班也有几名学生，大着胆子，鼓足了勇气，报名应试，其中便有齐长庆。

来自全国各地，特别是北京、天津、直隶省的很多家境困难的学生，内心混杂着对生存的焦虑和对未来的希望，在时代强有力的推动下，踊跃地投入了这场虎斗龙争的激烈竞考之中。

陆军兽医学校

17岁的齐长庆，再次令家人惊异："哪曾想到，长庆悄默声儿地拿了第二名，天津陆军军医学校录取了他，这孩子真不含糊！"

当时陆军兽医学校原定招生30名，只取了20名，还有10名空缺，官方提出，如果天津陆军军医学校录取的学生愿意改学，即可报名，加入陆军兽医学校。

齐长庆突然有了一个简单的念头："先学习兽医，然后再学习其他专业，因为我年纪尚轻。"

家人纷纷表示强烈反对，大家七嘴八舌地替他拿主意："这不明摆着嘛，肯定要学人医，人医受人尊敬，兽医受人轻视，兽医学校也不知道教的是什么？"

齐长庆却和家人的想法南辕北辙，他依然选择念兽医学校，也许在冥冥之中，擅长治疗马疾的父亲，指引着他的方向，此时的他，第一次不顾家人的极力反对，像一只破茧而出的蝴蝶，小心翼翼地张开了稚嫩的翅膀，意欲开始独自飞翔。

1914 年，齐长庆从北京来到位于天津的陆军兽医学校，此时懵懂的他才知道这是中国唯一的兽医专科学校，它源于北洋新军，因为新军中急需新式兽医，而中国没有兽医专才，所以设立陆军兽医学校，为军队培养新式兽医专才。

陆军兽医学校，初创于 1904 年 12 月，其名为北洋马医学堂，由北洋军医学堂总办徐华清，兼任马医学堂总办，海军军医姜文熙为监督，校址位于直隶省保定东关小营村的北洋速成武备学堂内。1905 年 6 月北洋马医学堂搬迁至天津。1907 年，曾改名为陆军马医学堂。1912 年，陆军马医学堂奉令仿效东西各国建制改名为陆军兽医学校，姜文熙任校长，刘葆元为教务长。创校之初，学制有两种，修业四年的兽医正科和修业二年的速成班。

自此，在中国的第一所西式兽医专科学校里，齐长庆开始了兽医正科、学制四年的学习生涯，也踏上了个人独立生活之路。陆军兽医学校的一切课程依照日本的兽医学校进行设置。主课由日本教官教授，一般课程由日本留学的中国教官教授。学校免费提供食宿、被褥、制服。经济无忧的齐长庆，心无旁骛、如饥似渴地系统学习了西方兽医最新的科学技术，这些初步接触的科学知识，立马点燃了他对细菌学浓厚的兴趣。

陆军兽医学校开设了以下各门课程：生理、解剖、内科、外科、药物、卫生、马政、细菌、病理、牧马、产科、内科诊断、外科诊断、蹄铁、畜产、寄生动物、病体解剖、相马、蹄病、组织、疫论、眼科、胎生、兽医警察、外科手术、内科实习、外科实习、外科手术实习、细菌实习、生理化学卫生实习、病理实习、蹄铁实习、解剖实习。

经过四年军事化的学习生活，西方兽医学的科学知识和理念，拓宽和重新构建了齐长庆的知识体系，为他未来的实践工作奠定了理论基础，同时也造就了他简洁、整齐的生活作风。

家事变迁

假期时，齐长庆会回家探望母亲。齐家老宅，位于安定门内交道口大二条。大二条由 27 号、28 号和 29 号三座四合院组成，最深处为四进院，它们之间相互连接，层层相套。从远处望去，这里是一处灰瓦硬山顶的典型北京四合院，大门开在 28 号院，院门非常宽阔，朱红色的大门已经褪色，门前有台阶，走上台阶，进入门庭，左右两边有两条宽大的可以躺卧一人的长条凳，迎面是一处影壁。28 号院东侧连着 27 号院，向西则是 29 号院。

28 号院的前院，大小适中，前侧有一排倒座房，前檐面朝院内，后檐临街，开设高窗，用以透气，院中还有屏门，隔出一个小院，里面有房有树。

过了前院的垂花门，二进院面积更大，院子中间放置一个大肚子莲花缸。北面为七间高大的正房，正厅迎面墙上有风景四扇屏，四扇屏的左右，有一副对联："自种来禽与青李，常撞大吕应黄钟"，其下靠墙有一大条案，摆放着约 60 公分高的福、禄、寿瓷瓶，寿星老的拐棍时常被顽皮的孩子们抽出来玩耍。大条案的前面，有一张硬木八仙桌，两边各摆放一把硬木靠背椅，靠背椅上有厚厚的垫子。厅里还有一个大穿衣镜，厅房和套间之间有雕花的硬木格栅。正房两侧有耳房。正房和东、西厢房有游廊相连。

三进院也不小，和二进院的结构大致相同。四进院里，有宽大的后罩房，前檐朝里，外檐墙临街，后罩房的左、右两边还有横跨院，其中左跨院，有堵矮墙，此处与住在大三条 22 号院的二哥齐长林家，仅隔一堵院墙。

齐长庆的姐姐嫁给了前清铁帽子王佟家，她常回娘家走动。姐姐和家人常念叨一些长庆不关心的闲言碎语，比如，袁世凯在北京自称皇帝，很快就被撵下了台。齐长庆觉得这些政治局势和他关系不大，他只需一门心思地念好书，即使他打小不可避免地要遵从家里早已立下的各种规矩，须照礼数，向纷繁复杂的各种亲戚问安、打千、叩首，也并不妨碍他拥有自己的人生理想："宁为良医，不为良相！"

1917 年，母亲算计着小儿子长庆已经 20 周岁，觉着该给他成亲了。姐姐便按照母亲的心意，主动做媒牵线，说和齐家和前清怡亲王的三格格赵惠臣（毓字辈）过了"门户帖儿"。依据老规矩，齐家的帖上载明齐长庆父亲的姓名、所属旗分，还附上他这个未来新郎官的履历表。

女方家仔细打听清楚齐家的情况，也考察了齐长庆本人是否要强上进，是否有不良嗜好，是否身体健康等诸多事项。虽说女方家已大不如

青年齐长庆，摄于北京

前，但也尽力周全地为自家女儿筹划未来的生活。对方了解到齐长庆在军校念书，不嗜烟酒、品行端正、样貌周正，颇觉可心。

齐长庆本人觉得他也不了解女方，虽说这门亲事由姐姐亲自做红娘，心里面还是有些忽忽悠悠的感觉，他和其他年轻人的心思别无二致——怕娶到的媳妇是个丑八怪。可他又不愿违逆含辛茹苦的母亲，便心生一计，特意托关系亲近的人，以熟人串门的借口，暗地里去瞧一瞧女方的样貌和为人。在东拉西扯的闲言碎语中，女方家早已识破了来访者的用意，心照不宣地让访客在无意间瞅见了自家的女儿。一句"温婉贤淑"的回话，化解了长庆多日的惆怅和疑虑。

双方又交换了"年庚小帖"，顺利合婚后，齐家预备婚娶之事，女方

大哥齐长山，20 世纪初摄于北京

家也准备了嫁妆，之后双方又确定了迎娶的吉日。迎娶之日，齐家依照满族风俗，举行了婚礼。母亲希望日子见好的齐家，能够开枝散叶、人丁兴旺，子孙们能够光耀门楣，重新过上太平的好日子。

新婚不久的齐长庆哪承想，有一个坏消息正悄悄逼近他的家人。1917年 6 月间，大哥失踪了。家人说，大哥长山坐着火车去山东找营生，正巧赶上张勋的兵丁征用火车，被强行驱离，自此下落不明。一熟人言之凿凿地告诉家里人："亲见大爷在济南下了车！"二哥长林，沿着铁路线，一路寻找，又托人多方打听，可这寻人的都揪心扒肝的了，被寻的人却如石牛入海，了无踪影。

长庆的大哥幼年就随父习武，弓马骑射，无一不精，少年时，补职绿营，被内务府大臣荣禄推荐为"内廷行走"，日常在乾清门内听差，随时听候内廷太监传唤，承办皇太后、皇上旨意。慈禧太后巡幸颐和园，大哥均扈从随驾。庚子之年，慈禧逃难钦点大哥随驾护卫，他为慈禧牵马驾辕，忠诚值守。

1912年，当初那个哭喊道"我不挨这儿！我要回家！"的皇帝溥仪退位了，齐长山在宫里的差事也没了。这回为了生计，出门去学做生意，可像大哥这样耿直的习武之人，他念得了生意经吗？他会不会遭遇了什么不测？还是遇到了什么难处而无法返家？这些疑问困扰着长庆，生命无常的悲慨之情第一次碾碎了他的心。

1918年7月，经过四年学习，21岁的齐长庆从第五期陆军兽医学校正科毕业，毕业成绩名列第二，他原以为会留校任教，然而这次幸运之神却与他擦肩而过。

深受家庭熏陶的齐长庆，虽通达人情世故，却不善言辞。严肃理性的他，很少言语，总是心无旁骛，默默地学习钻研。如今毕业在即，他的去留，却引发了教官们的严重分歧，主要有壁垒分明的两派意见。

一派人坚决反对齐长庆留校任教："他口拙，如何能胜任教员的工作？"而另一派人则反唇相讥："教员无须巧舌如簧，学校历来都是将最优秀的人才留校执教。"

两派意见相左，唇枪舌剑、互不相让，最终校长刘葆元为化解矛盾，采取折中之法："本届毕业生不留一人。"

陆军兽医学校的这场辩论和处理结果，经过一些教官的演绎，传入原陆军兽医学校首任校长姜文熙的耳中，姜先生对此不置可否。

第二章

就职中央防疫处

校长举荐

19 世纪初，鼠疫肆虐，侵袭世界很多国家。鼠疫，俗称黑死病，是一种高致命性、烈性传染病。1910 年，鼠疫侵入东北的齐齐哈尔、哈尔滨、沈阳以及内蒙古、直隶和山东各地。当时的清政府派遣英国剑桥大学医学博士伍连德在哈尔滨建立了中国历史上第一个临时防疫处，他们采取科学方法，于 1911 年扑灭了这次大规模暴发的流行性鼠疫，这次鼠疫造成中国 6 万多人死亡。

1917 年 8 月，绥远省伊克昭盟乌拉特前旗扒子补隆又发生鼠疫，波及全省 27 个县旗，并蔓延至山西省，北洋政府经历了一年时间才将此疫完全扑灭，这次鼠疫死亡人数 16000 多人。鼠疫的猖獗，促使北洋政府内务部决定建立常设国家防疫机构"中央防疫处"。

1918 年，内务部开始筹建中央防疫处。中央防疫处建立的宗旨是：以防疫为主，制定预防传染病计划，研究传染病病源，检查传染病预防、消毒、治疗材料，以及制造痘苗血清及其他细菌学预防治疗品。内务部派人赴日本采购各种器械和物资。

1919 年 1 月，中央防疫处在北京天坛正式成立，这是中国首次建立的国家防疫机构。

伍连德博士曾在其英文版的自述中描述了中央防疫处的建立过程："1917 年，我呈文外交部和财政部，请求在北京建立卫生实验中心，我的东三省防疫事务总处可以隶属于它，我的请求迅即获得批准。适逢山西肺鼠疫暴发，（1917—1918 年），之后利用国际银行团借款结余的 100 万美元，在古老的名胜天坛地面建立并装备成了卫生实验室。建立之初，这个部门即属于国家卫生部门，年度由海关得到数十万元经费，结果在此生产出有用的疫苗和马血清，供全中国普遍使用。"

1910—1911年，在伍博士的指挥下，中国成功消灭了东北三省的肺鼠疫。伍博士深感组建一支专业防疫队伍实在不易，他认为疫情过后，应该集中休整防疫人员，总结经验教训，提高防疫能力，以利再战。因此，他倡导组建一支国家专业技术队伍，平时这些人员可以生产诊断、治疗、预防用制品，战时他们将是国家防疫可以依靠的宝贵力量。

中央防疫处于1919年1月20日公布《中央防疫处暂行编制》，规定该处隶属于内务部，设处长一人，综理全处事务；副处长一人，辅助处长管理处内事务。技术员10～20人，事务员若干，并聘请中外传染病学、细菌学专家为该处顾问，并酌设分所及附属医院。

陆军兽医学校毕业的学生，依照惯例还需要进入军队，实习四个月，这才算真正毕业，齐长庆入列北京西苑北洋陆军第十三师候差，做见习兽医，每月领取十几元的生活费。

1917年8月14日，北京政府发布大总统布告，宣布从即日起与德奥两国处于战争状态，自此中国加入了第一次世界大战的协约国阵营。国务总理段祺瑞以参战为名设立参战军。陆军兽医学校第五期的毕业生全部被编入参战军，做医士或者医生。

1919年2月，春节过后，时任北洋政府陆军部军医司司长，原陆军兽医学校校长姜文熙托人传信给齐长庆：速来见我。

齐长庆急匆匆地去见姜校长，校长开门见山地说："中央防疫处刚刚成立，他们需要一名兽医，这个处是研究人的传染病的，制造防治传染病的痘苗和血清的机构，如果你愿意去，我可以将你作为优秀毕业生举荐到该处。"

姜先生的爱才之意，令齐长庆心中一暖，他不假思索，立马回道："我愿意去中央防疫处工作。"随即，先生手书一封便函，交与长庆，嘱咐道："你去天坛的传染病医院，找严智钟院长，他现兼任中央防疫处副处长。"

中央防疫处成立时，处长由北洋政府内务部卫生司司长刘道仁兼任。刘处长早年由湖北选派，官费留学日本学习军事，而副处长由时任京师传染病医院的院长严智钟担任，他毕业于日本东京帝国大学医科。

实际上，1919年3月，中央防疫处才正式开门运转。4月，齐长庆领取了委托状，任技术助理员，月薪50元，正式成为中央防疫处的职员。

第一天走进位于天坛神乐署的传染病医院分院的中央防疫处，齐长庆看到房舍已建好，有实验室，但设备还不完备，除了他，处里仅有程慕颐、杨澄漳、常希曾三位工作人员，他们都来自传染病医院。中央防疫处的严智钟副处长，领导四位工作人员，开始开展中央防疫处的各项工作。

最初的细菌工作，主要是保存好毒种，同时进行各种检验活动，如染色、分离和动物实验等。由于没有辅助干活的熟练工人，四人需要自己动手洗刷玻璃器皿、切肉。他们也学习如何制造狂犬巴氏菌苗。中央防疫处也没有给他们提供宿舍。

管理实验动物

严智钟副处长将动物饲养管理工作分配给齐长庆。齐长庆马上建议成立实验动物室。建议很快被采纳，随即，齐长庆制定出《大动物管理公则》。

很快，齐长庆陆续接收了京师传染病医院拨给的一批日本进口家兔、琴琪拉、豚鼠、大鼠，后来还接收了协和医院的林宗阳从美国带回的小鼠。

传染病医院拨发实验动物时，严副处长还为实验动物室派来两名辅助工作的饲养员。这两名饲养员发觉齐长庆对如何饲养动物一无所知，便乘机糊弄他，他们利用购买饲料的机会，克扣动物口粮，从中渔利。很快齐长庆察觉到端倪，他不动声色，决意反击。

此时陆军兽医学校已经迁至北京东四牌楼九条胡同东口南新仓。齐长庆跑到陆军兽医学校，借母校的师生关系，讨教饲养动物之法，很快就理清和掌握了关键知识，并开始亲自饲养动物。齐长庆向严副处长提议饲料的购买权收归总务科，而购买饲料的种类和数量由他向总务科提供。

这个提议被采纳，两名雁过拔毛的饲养员眼见财路被断，恼羞成怒，愤而离职。齐长庆乘机在陆军兽医学校挑选了新的饲养员，还补充了新的助手。

彼时常有鼠疫流行，在中央防疫处，小鼠是使用量最大的实验动物。因小鼠用于细菌试验，就不能对其进行免疫，这就增加了小鼠感染人的几率，齐长庆深知，必须严格管理小鼠，否则一不小心，会发生人身伤亡事故。

小鼠是哺乳类动物，与人的亲缘关系比较近，这是小鼠作为生物制品研究的优势所在。中央防疫处对小鼠的需求量很大，如何挑选和繁殖合乎标准的小鼠，成为极为迫切和非常重要的工作。中国没有繁殖实验动物的先例，也无文字记录，更无相应的设备，齐长庆查阅了日文和英文版相关书籍及文献资料，尝试饲养繁殖小鼠。

最初使用北京小鼠进行繁殖，但北京小鼠体格过大，多数不合规格。后来，协和医院的林宗阳从美国带回来的小鼠合乎标准，齐长庆又用这种小鼠作为种鼠，进行饲养和繁殖工作。

饲养小鼠需要注意温度、湿度、卫生等问题。他在鼠窝内，垫上锯末，以吸附尿液和不洁之物。小鼠还需要磨牙，喂食的饲料，他要添加上粗纤维的硬料。小鼠水代谢快，还应保证它有充足的饮水。小鼠食量小，进食次数多，必须注意加入充足的饲料。齐长庆要经常检查小鼠的健康状况。

繁殖小鼠时，他注意挑选体毛光滑、行动敏捷、身体无缺陷的健康雄、雌鼠进行交配。繁殖期时，要注意小鼠的营养，补充蛋白物质。雌鼠分娩时，注意保持安静的环境。同时，还须及时淘汰不合格的小鼠……

小鼠繁殖过程中，他详细记录生产情况，及时发现和解决问题。饲养繁殖小鼠是一项需要高度责任心的繁琐工作，需要身体力行地随时注意观察小鼠的健康状况，并建立起一套管理办法，发现问题，及时修正，不断改进饲养和繁殖技术。

齐长庆通过不断地学习、研究、摸索和实践，自己编写了中国第一个实验动物饲养和繁殖管理条例。

第三科痘苗股

除了管理实验动物之外，齐长庆还经常参加实验室的工作。实验室接收传染病医院提供的各种菌种和日本传染病院带来的菌种，主要做细菌传代培养的工作。在陆军兽医学校上学时，齐长庆积极参加过细菌实习工作，对于消毒和做培养基这些工作一点儿也不陌生。在实验室里，他给技术员程慕颐、杨澄漳做些辅助工作，同时也亲自上手操作，努力提高试验技术。

1919 年 5 月，中央防疫处（简称中防）才有了具体的办事细则，招募了更多的人员，并在内部设立了三个科、六个股。组织架构如下：

第一科，设两个股，分别是疫务股、经理股。科长为吴韵，编有助理员、事务员等。职掌制订防疫行政计划；编订防疫各项规则章程；保管文牍；典守关防；经费出纳；编造预、决算；发卖血清痘苗及其他防疫药品；检查疾病材料及进行疾病鉴定、消毒、预防、治疗等事项。

第二科，设研究股、检诊股，科长由严智钟副处长兼任，下有股长二人，技术员十余人，助理员十余人，技术员均为国外的医学留学生，助理员均为国内的大专毕业生。技术人员有王良、傅汝勤、黄实有、金子直、谢恩增、翟绍衡、周英、马志道、刘道刚、韩纷堂等；助理员有徐树、沙通、李军安、梁建候、谢刚杰等；还有一些挂名人员。

第二科职掌研究及应用各种病源细菌的生物学、血清学、免疫学及传染性疾病的病理，病源细菌的生物化学性质，寄生虫及病源媒介动物，病源的化学治疗，兽疫、结核的病源以及疾病预防；讲习各种传染病研究方法；宣传传染病的预防；检查各种疾病材料；审查各种预防及治疗制品；鉴定各种消毒制品的效力；诊疗各种传染性疾病等事项。

第三科，设血清、疫苗（菌苗）、痘苗三股，科长为俞树棻。该科职掌制造、保管及装储白喉、破伤风及其他有效血清，各种有效疫苗及狂犬病预防制剂，各种痘苗等事项和实验动物的管理。血清股股长为金宝善，成员常希曾。疫苗股股长为程慕颐，成员杨澄漳，还有化学室吴觉生（技术员）。

　　齐长庆被划分到第三科痘苗股。最初，这里只有技术助理员齐长庆和工友赵华亭两名工作人员。齐长庆全权接收了痘苗股的图章和新建的实验动物房，领取了各种物资如仪器、药材等。赵华亭专职布置和清理实验室。

　　痘苗股成立一周后，49岁的蒋履曾代理股长。蒋履曾原为江苏科举人员，曾留学日本京都帝国大学学医，他是一名开业医生，对于实验室的制造工作不熟悉，也不常来上班。蒋履曾讲一口江苏宜兴话，齐长庆和他交流是一头雾水烟云坠，幸亏蒋股长的侄子来痘苗股做练习生，他成了齐、蒋两人交谈时的翻译。蒋履曾对于细菌学和制造痘苗完全是外行，痘苗股的实际工作是由擅长传染病和细菌学研究的俞树棻直接传达布置的。平日痘苗股里，齐长庆随时接收拨发来的医药器械，并带着练习生和工友拆箱、装配器械，布置实验室。

　　一个月后，庞敦敏接替蒋履曾，担任痘苗股股长。庞敦敏为日本东京帝国大学兽医科毕业的学士，他是国立北京农业专门学校（即北平大学农学院，现为中国农业大学）的教授，所以不经常来处里工作，这样很多工作自然就落在了齐长庆身上。

　　中央防疫处的一些技术助理员都是大学毕业的医生，他们极不情愿干体力活。齐长庆并不回避这些繁琐的体力杂活，凡他所遇，不挑不拣，全部按质完成。白天，他忙忙碌碌地工作；夜晚，他根据工作需要，自修人的传染病学、生理学、病理学和物理、数学和化学知识。

　　1919年6月，中央防疫处已初具规模，将以防疫为主旨，同时将研制防疫用的生物制品作为工作方向。此时，处里有17名技术助理员，全部是大专毕业生，为了工作需要，处里组织助理员在实验室实地进行学习，由科长等人给予指导，讲解制造过程。虽然处里不强迫助理员必须参加学习，但齐长庆抓住一切学习良机，以"人一能之己百之，人十能之己千之"的精神，认真进行实际操作练习，不管制造程序是否简单，他都一个不落地重新学习了一遍培养基、菌苗、血清、毒素等制造工艺，其实他心里明镜似的，这些技术又岂止是简单的重复呢？这样的学习是在重塑自己，他更喜欢和热衷于动手实践的工作。

负责马匹免疫

中国人深受烈性传染病之苦，其中尤以鼠疫、霍乱和天花为最。

1919 年 7 月，廊坊发生霍乱，继而霍乱入侵北京城内，形势严峻，中央防疫处顿时紧张忙碌起来。三科科长俞树棻立即带人前往廊坊疫情现场进行防疫。北京城内则由严智钟副处长和第三科血清股股长金宝善带人到现场进行防治。疫苗股里，留杨澄漳做霍乱菌苗。当时制作霍乱菌苗时，浓度要数菌数，称重量，不用测定菌悬液浓度的比浊管，制作量不大。痘苗股的齐长庆做消毒、培养基工作，还做一些准备工作。

1919 年 11 月，内蒙古海拉尔发生鼠疫，流行到长春。第三科科长俞树棻带着血清股股长金宝善又奔赴长春扑灭鼠疫，严智钟副处长也随后跟进。

1921 年 3 月，山东桑园发生鼠疫，俞树棻带领程慕颐、杨澄漳、胡洪基前去防疫。然而噩耗传回中央防疫处：年仅 32 岁的俞树棻，染疫殉职。

俞树棻临终前留有遗书：

"勇于检疫，偶一不慎，接触太多，以致罹病，为民而死，夫复何言。家有寡妻无子，尚祈抚恤。鲁境疫事，大致无碍，务必派员接办。民命所关，陈祀邦、全绍清、杨怀德诸公，亦善于防疫，敬代推荐。菜死尸体，深埋于桑园，一二年后，可否迁葬浙江乡里，以正首邱。所有防疫人员，请优予津贴。"

齐长庆和俞树菜因工作关系，互动密切，俞树菜的牺牲，令他百感交集，伤心不已。防疫事业，危险重重，俞树菜科长是中央防疫处第一个以身殉职的科学家，他为中国的防疫事业献出了年轻而宝贵的生命。俞树菜情真意切的遗言久久萦绕于齐长庆心中，既令他感动，也坚定了他献身于防疫事业的决心，他也愿以俞树菜为楷模，为国为民，不畏艰险，为中国的防疫事业不负韶华。

这场鼠疫战于5月宣告胜利。第三科科长遂由庞敦敏接任。

由于疫情频发，防疫任务繁重，处里调出骨干人员，投入到防疫工作中，中央防疫处的制造工作不得不多次延后，一直到1920年的春天，才陆续出品了抗淋病的菌苗、霍乱菌苗、伤寒菌苗。

1920年2月，沪宁铁路医官王完白曾发现："冬春之交，沪宁沪杭路线一带，发现一种流行病。受染者多昏睡而不能言语。急则数句钟；缓则数日即毙。初尚少见，近乃日必数起。致人皆色骇相告，惊惶无似。旧医不能道其病之真相。或泛称时症，或曰闷症，或曰哑病，不过就其病状名之而已。然此症实为新流行之奇病。"

上述的这种令人惊骇的奇病，就是流行性脑炎（简称"流脑"），当时中国人对此病还很陌生。

1921年，中央防疫处为应对包括流脑在内的时疫，首次开始研制血清制品。这次，齐长庆也参与其中，他的任务是负责免疫马匹。

免疫马匹时，使用生菌注射马匹，稍有不慎，容易导致马匹死亡。

齐长庆想尽了各种办法，采取了各种措施，避免了马匹死亡，他使用肾上腺素和大量食盐水注射马匹，能够挽救马匹生命，他的措施保障了血清生产工作顺利完成。

北京正值流行流脑，中央防疫处生产的抗流行性脑炎血清成为特效药，疫情迅速得到有效控制。

中央防疫处为嘉奖齐长庆的突出贡献，决定为其每月加薪 10 元。同仁们看到齐长庆受到嘉奖，很是羡慕，纷纷表示要努力工作，争取自己也能获得奖励。

研制纯痘苗

当时生物制品在国外也是一门新兴科学，而中国防治传染病所用的生物制品全部依赖进口，尽管天花在中国经常流行，预防天花的痘苗（天花疫苗）也需要进口。

1920 年，第三科痘苗股，准备研制中国自己生产的痘苗。

起初，齐长庆在严副处长指导下，很快掌握了生产技术，然而在生产试制痘苗的过程中，困难频发，痘苗的研制工作可谓是一波三折。

第三科科长庞敦敏，曾在导师梅野博士的指导下，在日本北里研究所学习过痘苗制造技术，他极力主张生产纯痘苗，他的日本老师北里博士、梅野博士，都曾致力于生产无杂菌的纯痘苗。

庞敦敏是苏州富家子弟，年长齐长庆 6 岁，他对苦学的齐长庆颇有好感，将从日本带回来的纯痘苗毒种交予齐长庆保存，还经常邀请齐长庆去他家吃便饭，其夫人是留日的产科医生，为人热情。日积月累的友谊，使两人惺惺相惜，共同面对和解决了试制纯痘苗的各种困难。

没有马匹采血室和种痘室，他们改造了 3 间实验动物室，用于采血和种痘。生产纯痘苗时，毒种传代需用一年以内的乳牛，在其腹部小面积种痘，而北京奶牛房使用的乳牛都是蒙古种的体格矮小的小黄牛，这些乳牛只会吮吸母牛乳头喝奶，这令他们手足无措，后来采取给牛灌药的方法解决了喂奶问题。

喝奶问题是解决了，等到剃除乳牛腹部毛发时，他们却发现自己不会剃牛毛。齐长庆询问庞敦敏，庞敦敏道："日本学习时，有助手剃毛，我也不会啊！"于是，很自然地想到请理发师来剃牛毛。理发师倒是请来了，然而令人尴尬的是，理发师的好几把剃刀都卷了刃，这牛毛依然岿然不动。齐长庆叹道："这哪里是牛毛，明摆着是孙悟空的猴毛！"正当一筹莫展时，有人提醒："中国的剃刀钢软。"一语惊醒梦中人，齐长庆立马用自己刮脸的德国造剃须刀，试着剃除牛毛，问题马上迎刃而解，换他人尝试，均可以轻松地剃除牛毛。

研制痘苗时，齐长庆日夜守在牛舍育疱间，仔细观察痘疱生长情况，关注从出疹到灌浆结痂的整个过程。

接着痘苗股又购买了国外的小牛种，种了少量的牛痘。因庞敦敏在北京农业专门学校当教授，齐长庆建议何不使用农校一年以内的纯种花白小奶牛来种痘？这种小奶牛体格较大，种痘面积自然也大，这样可以节省费用。齐长庆到农校向学生示范如何在小牛腹部小面积种痘，农校的学生免费学习了种痘技术，同时痘苗股也收获了痘疱疹 20 多克，这些材料供他们使用了一年多。

最终，中央防疫处第三科痘苗股，使用日本痘苗毒种，成功生产出自己的痘苗。痘苗经过试验，于 1920 年正式开始销售，获得了大众的欢迎。

同时，痘苗股也制造出巴氏狂犬疫苗，但因造价昂贵，用途不广，便不再生产和销售。随着痘苗的生产和销售，痘苗股的地位也在中央防疫处逐渐提高，处里指派齐长庆任主考官，招考技术生，改善痘苗生产缺少人手的状况，择优录取了 10 名小学毕业的考生，这些人中有高茂生、李严茂等。

同事谢刚杰是留日学生，在中央防疫处任技术助理员，其他留日的学生，均任职技术员，这令他愤愤不平，刚巧，谢刚杰的亲戚是内务部次长，他请次长出面周旋，要求晋升为技术员。中央防疫处处长刘道仁借此良机，将处内工作出色的齐长庆和常希曾，连同谢刚杰，一起提升为技术员。1921 年 8 月，齐长庆正式晋升为技术员，薪资提至每月 100 元。

第三科又增加了新的人员，伍宗裕为痘苗股技术助理员，梁潜德为血清股技术助理员。另外，还雇用了两名日本人作为技术助理员，一名叫白井音治郎，做培养基工作；另一名叫衡山铁太郎，做检验工作。这两名日本人均非大学毕业生，但都做过多年的助手工作，薪资定为 80 元，合同到期后，他们二人均返回日本。

这时的中央防疫处，已经在全体人员的努力下，相继生产了众多的生物制品，包括痢疾、淋病、霍乱、链球菌、伤寒、伤寒副伤寒菌苗及结核菌素等。血清股以流脑为始做免疫血清，以后又生产白喉抗毒素，到 1922 年共有 15 种产品，其中菌苗类有痢疾、淋病、霍乱、链球菌、伤寒、伤寒副伤寒菌液、结核菌素等；血清类有白喉抗毒素、流脑血清、链球血清、肺炎血清，还有痘苗、狂犬病疫苗等。1922 年全年制品收入为时币 8000 多元。

痘苗股负责人

1922 年，全绍清兼任中央防疫处处长。成立三年之久的中央防疫处，进行大改组、大裁员，增加薪资，加强生物制品制造工作，处里只留下技师五人，技术员五人，作为技术员留用的齐长庆薪资涨至每月 200 元，处里规定留任人员不许兼职，供应免费午餐，全日制工作。

此时，中央防疫处调来协和医学院细菌学教授陈宗贤博士担任检定专员，他是留美医学博士，由此生产、检定工作改用美国的生产规程，制造表册使用英文填写，并且使用美国进口的菌种和毒种进行生物制品制造。

随着人员的进一步变动，严智钟副处长辞职改任拨款委员会委员。庞敦敏随后也辞职，除了继续在农校（后更名为国立北京农业大学）做教授之外，他开始筹备建立庞敦敏微生物研究所。庞敦敏私下与齐长庆商量："你也辞职，到农校来做助教，将来微生物研究所由你来主持生产痘苗，你看如何？"齐长庆和庞敦敏在工作中相处默契，脾气相投，他也想继续跟随庞敦敏一起生产痘苗。

正当齐长庆打算改换门庭之时，全绍清处长请来了接替庞敦敏的新科长，此人的到来，打乱了齐长庆的原定计划。接任者竟然是原陆军兽医学校校长刘葆元，他正是齐长庆在校时的先生和校长。

刘葆元校长嘱托齐长庆："我是研究解剖学的，对于生物制品制造是外行，之所以来接任，就是因为知道你这个学生在这里。"

齐长庆非常敬重先生，不愿辜负师生情谊，于是选择继续留在中央防疫处工作。在此期间，主要工作是熟练、准确地挑选菌毒种。菌形要整齐光滑，毒力要强，还进行生产菌苗、制造毒素和家兔免疫的试验工作。然而六个多月后，刘葆元先生也辞职离去。

中央防疫处改组后，齐长庆一如既往，一有空暇，还如学生时代一样，如饥似渴地学习新知识，并抓紧一切时间拓宽、加深有关知识，随时根据工作中遇到的新问题，进一步查阅国外文献，掌握先进方法和寻找解决思路。这一阶段，从理论学习和实际应用中，他的专业能力得到了快速提升。

一次在破伤风抗毒素生产过程中，遇到了难题，处内没有破伤风血清，在用毒素注射免疫马匹时，有两匹马发病死亡，第三匹马虽减量注射，但仍发病倒卧，齐长庆经过仔细观察，建议用"对症疗法"治疗病马，对病马早晚加强护理，经过二十余日的精心护理，不仅病马痊愈，而且试制成功破伤风抗毒素。

齐长庆经过三年的刻苦钻研，业务水平不断提高，在痘苗、狂犬病疫苗、抗菌性血清和抗毒素方面做了大量工作，由于成绩特别突出，1923 年他被中央防疫处提升为第三科痘苗股的负责人，随后他加强了第三科的抗菌性血清的生产工作。

在中央防疫处里，有人给陈宗贤、庞敦敏、齐长庆、常希曾起了个外号叫"四大金刚"。他们四个人有个共同的特点：严格要求技术生，既有专业技术的要求，又都平易近人，极讲规矩。

有一天，正赶上发薪水，常希曾的一个学生，一脚就把他的办公室门踹开了，喊道："常爷，拿戳领官饷了。"常希曾皱起眉头，瞪了学生一眼，说："不行，我们是科研单位，不是土匪！什么都要有规矩，要学着点，你出去重来。"这个学生很听话，立马出了门，还轻轻地将门关上。随着"当、当、当"三声敲门声，学生喊道："报告！"只听见老师常希曾回道："请进。"学生这才轻轻地把门推开，迈步走进办公室，恭恭敬敬地鞠了一躬，然后对着办公桌后的常希曾说："主任啊，现在要发薪水了，您拿图章我代领去。"低头写文章的常希曾这才抬眼，瞧着学生说："孺子可教也，你这还差不多，以后要多学着点。"学生双手接过老师递过来的图章，徐徐退出办公室。

1923 年，中央防疫处生产的制品又新增了痢疾血清、健康马血清、破伤风抗毒素、白喉毒素抗毒素混合液、百日咳菌苗、鼠疫菌苗、葡萄球菌菌苗、肺炎菌苗 8 种制品，还生产了 11 种诊断用血清、赤痢血清、锡克氏反应用毒素、肺炎球菌血清（Ⅰ型）。

第三章
创建"天坛株"和"北京株"

东渡日本

1924 年 8 月，齐长庆经中央防疫处选派，去日本东京帝国大学传染病研究所进修一年，师从著名的细菌学专家城井尚义博士。

根据齐长庆的个人情况和特点，知识渊博的导师城井尚义博士，对于齐长庆的学习内容并不设限，而是教导他尽可能地广泛学习各种人用和兽用生物制品的制造和鉴定技术，他告诉齐长庆："学习要靠勤奋和智慧。"对导师的这句话，齐长庆感同身受，他喜欢读《三国志》《史记》《易经》，这些书籍里变化莫测的中国文化和智慧是他盘桓于心的导师。

在日本学习期间，齐长庆惊异于日本人对于细节的要求，他们甚至要求来学习的齐长庆自己洗刷瓶子，在遭遇了这些瓶瓶罐罐的折磨之后，他对细节有了新的观察和领悟，反观以往的工作实践，有的同仁不愿意刷瓶子，他们把此类劳作的事情统称为小节，还透露出不拘泥于小节，才能成就伟大事业的话语，现在反省自己，虽也曾不怕苦不怕累，刷洗了大量的瓶子，但也未曾认真深入思考过它的深刻意义，而日本的研究人员，却对这些细枝末节的小事一丝不苟，在他们眼里怎样刷瓶子、如何擦桌子都是非常重要的事情，因为这些小事会直接影响到研制工作的成败。新的认识和思考促使他在自己的日记本里，写下了他对研制生物制品的再认识："生物制品无小节。"

齐长庆也时时隐痛于日本人对于自己的祖国流露出来的轻视态度。在一些日本人的心里，他们很瞧不起中国人，齐长庆默默地将这种心里的隐痛转化为坚忍不拔的毅力和不知疲倦的学习。母亲的话也时常在耳

齐长庆洋装全身照，1924 年摄于北京

畔鼓励着他："我的孩子有从商的，从军的，你的志向是用科学技术救国，那我就有了从事科学技术的孩子了！"

原本经过数年持之以恒的勤奋学习和积极实践，齐长庆的知识库里增添了不少新内容，此刻，他又进入了一片已知和未知相互交错的知识海洋中，他夜以继日、通宵达旦地不停吸收、归纳、总结新知识。他时常感觉自己仿佛腾云驾雾、日行千里，就像孙猴子一样，在取经的道路上快要触摸到那些真经宝藏。

在这些广泛的技术学习中，齐长庆特别注意学习痘苗（天花疫苗）和血清苗的制造方法，因为这也是中防派他来日本学习的目的。导师城井尚义安排他去日本北里研究所、大阪血清细菌研究所进行参观和学习，接着又派他去釜山兽疫血清制造所，实地见习了一段时间，在这些地方，他精研兽用疫苗和血清的制造技术。牛疫在中国是一大灾害，曾是兽医的齐长庆对牛疫非常关注，学习中凡涉及牛疫的防治方法，他从不会错过。

经过一年有余的广泛综合学习，齐长庆在生物制品制造和鉴定方面进步神速，获益匪浅，为他回国后的进一步研制工作奠定了良好的基础。

1925 年 9 月，齐长庆由日本返回祖国。在中央防疫处饲养实验动物的过程中，他发现中国的小鼠和家兔体质差，生长缓慢，用作实验动物不符合标准，他这次还特意带回来一批日本豚鼠，打算回国后饲养和繁殖豚鼠。

"天坛株"

齐长庆由日本归国后，天花再次进入他的视野。

烈性传染病天花在世界范围内肆虐了数千年，吞噬了数亿人口。据历史学家推算，在一两万年前，世界上就可能存在天花。考古发现公元前 1600 年古埃及法老拉美西斯五世木乃伊的面部，就有天花瘢痕。英国历史学家马考莱曾称天花是"死神的忠实帮凶"。世界各国的权贵，在天花面前也没有豁免权，清朝皇帝顺治、英国女王玛丽二世、法国国王路易十五，均死于天花之手。天花流行的地区，不分国家、不分种族，平均四个病人就有一人死亡，对于幸存者，天花常常将麻脸、失明、失聪、面瘫"馈赠"给他们。

在征服天花的路上，人类历经艰难跋涉：

中国人很早就开始研究天花的治疗方法。东晋医学家葛洪的《肘后备急方》中，记载了两种治疗天花的方药：一是"取好蜜通身上摩，亦可以蜜煎升麻，并数数食"（取上好的蜂蜜，涂抹全身，也可用蜂蜜煮升麻，多次服用）；二是"以水煮升麻，棉沾洗之，若酒渍弥好，但痛难忍"（用水煮沸升麻，用棉沾上药汁涂抹疮面，如果用酒浸渍升麻更好，但疼痛难忍）。

唐朝时期，中国人发明了人痘接种法。孙思邈的《千金方》中有记载："以针及小刀子决目四面，令似血出，取患疮人疮中汁黄脓傅之。"中国古代的人痘接种法主要有痘衣法、痘浆法、水苗法、旱苗法四种方法。明代《种痘十全》和清代《痘疹定论》都记述了宋真宗年代，峨眉山人给丞相王旦之子王素种痘的故事。明代隆庆年间，中国有了"太平痘苗"。清代初期，人痘接种法在中国已经广为使用。

公元 1688 年，俄国人首先到中国，学习人痘接种法。18 世纪，俄土战争爆发，人痘接种法传入土耳其。1718 年，土耳其流行天花，英国驻土耳其大使夫人蒙塔古（M.W.Montagu）将人痘接种法用在了自己 6 岁的儿子身上。1721 年，蒙塔古将此法带回了英国。当时英国天花流行，儿童死亡率居高不下，蒙塔古请来英国当地的医生观摩她给女儿使用人痘接种法，这次成功免疫的案例，促使英国开始使用中国的人痘接种法预防天花。1721 年，波尔斯东（Boylston）首先在美国推广中国的人痘接种法。1743 年，德国也开始推行人痘接种法，欧洲各国开始效仿，并将其传入其他大洲。1744 年，中国痘医李仁山将人痘接种法传入日本长崎。1763 年，中国的人痘接种法又传入朝鲜及亚洲各国。

中国的人痘接种法，挽救了世界上很多人的生命，然而人痘接种法也并没有拿到"免死金牌"，它的死亡率大约为 2%。

18 世纪，英国医生爱德华·琴纳发现挤奶女工手部感染牛痘后获得免疫，不再患有天花。1796 年，琴纳把挤奶女工手部感染的牛痘浆接种于一名 8 岁的男童左臂，证实牛痘可以预防天花。1802 年，英国议会承认了琴纳制造的牛痘疫苗预防天花安全有效，遂在英国成立了 13 个种痘站，接种牛痘疫苗，并逐渐将牛痘疫苗推广到国外。

然而，随着时间的推移，各国逐渐发现，使用牛痘病毒制造的牛痘疫苗，毒力渐渐变弱，发痘率低，效果不佳，于是各国又回溯到中国古代接种人痘的思路上来，逐渐开始从人体上分离出不同于琴纳的牛痘病毒的天花病毒。科学家获得天花病毒减毒毒种后，再用它研制天花疫苗。

1870 年，德国研究所在一名患有天花的普鲁士士兵身上分离出 Liveroot 株，之后多国科学家尝试用德国的 Liveroot 株，经用兔、羊皮肤交替传代减毒后生产各自的毒种，英国实验室将其研制的毒种，命名为 Lister 株，法国实验室命名为 Merieux37 株，加拿大实验室命名为 Connaught 株。

齐长庆翻阅古书后，他用文字记录道："天花溯自西汉之初，马援将军南征时，天花由安南传入中国，复有南洋印度等处播至欧美。"

此时，齐长庆负责的第三科痘苗股，已经成功使用日本毒种生产了大批预防天花的痘苗。在使用日本毒种的过程中，齐长庆发现日本毒种性能不稳定，需要不断更新，这对疫苗生产极为不利。他开始琢磨，外国科学家从中国古代的人痘接种法获取研究思路，并研制出天花病毒毒种，而中国人却没有自己的毒种，一直以来，中国都是依靠国外的世界标准毒种生产疫苗，这种被动的局面，必须要打破。

他深知选育毒种就如同农业中培育良种一样重要，虽说困难重重，但有了良种，才有可能生产出优质的疫苗，他决心要培育一株中国人自己的稳定而长期可用的天花疫苗毒种。

1925 年，不断鞭策他的母亲离开了人世，在僧人七七四十九天的回旋诵经声中，一向孝顺的他，想到过往时日自己和母亲或喜或悲的生活插曲，免不了伤心难过，他默默祈求母亲在天之灵依旧保佑他继续努力上进，也许故去的母亲在天上了解儿子的心思，在一个遥远的地方，她暗地里护佑着这个不会说甜言蜜语的小儿子。

1926 年 2 月，春寒料峭，一向健步如飞的齐长庆，径直向北京传染病医院奔去，他听说西北军冯玉祥部队里的一名 25 岁的士兵刘广胜，患上天花，住进了北京传染病医院。见到年轻的士兵，齐长庆简单询问几句，然后小心翼翼地采取了患者带脓的疱痂，立即带着痘疱浆痂返回实验室。

天花病毒比细菌微小，当时没有先进的电子显微镜，这个看不见、摸不着的病毒，不能用"试管培养基"培养，只能通过"生物体"减毒培养，既要减弱毒力，又要保留免疫力，难度很大。

在多次的传代驯化过程中要特别注意使用的剂量，剂量过大，动物会死亡，剂量小，动物不会发生感染。接种时的途径、传代的代次、时间、环境等等诸多因素都会影响最终的结果。

不知道经过多少次的失败和尝试，齐长庆终于有了如下的文字记录："首先将患者的疱浆接种于猴皮肤之上，待猴出痘后，又转种另一只猴，如此再传一代，又将从猴体上取得的疱浆，接种家兔的皮肤和睾丸，连续传五代，再转种于牛犊皮肤上连续传三代，分离出的毒种经过传代减毒后，该毒种的发痘情况与日本毒种相近，经检测毒力与日本痘苗毒种的毒力也相似。"

齐长庆采集第三代牛犊皮肤上的痘疱，成功研制出中国人自己的天花疫苗毒种，由于这株毒种诞生于天坛神乐署里，他将此毒种命名为"天坛株"。

"天坛株"浸泡在 60％甘油中，置于冰箱中保存。生产前，取出"天坛株"，加适量生理盐水，研磨成匀浆，在家兔皮肤上传 3—4 代，再接种牛犊皮肤，经育疱后，收取痘疱，作为生产用毒种。

经过对比试验，"天坛株"毒种比其他外来毒种免疫力强，小儿种过天花株天花疫苗后，均未患天花病。"天坛株"毒种遗传稳定性好，对外抵抗力强，一般人种了"天坛株"天花疫苗后，未发生欧美种痘后出现的脑炎病等现象。

随着中国毒种"天坛株"的诞生，中央防疫处开始使用"天坛株"生产中国的天花疫苗，很快地，该疫苗被推广到全国各地。

中央防疫处通过与北京市政府合作，以宣传和免费注射疫苗的方式，积极推进北京的疫情防治工作。

因中防自身人员有限，便积极推动各地方建立预防疫病的机构，在北京试办公共卫生事务所，设立防疫科调查疫病及进行预防接种工作。北京在不同区域，建立了四所卫生事务所，负责区内的防疫任务。卫生事务所上街散发预防天花的传单，告诉老百姓，天花病男女老幼都能得，预防天花只有依靠接种天花疫苗。如果人数超过 50 人的工厂和学校，卫生事务所可以定期派员前去接种，所有费用皆免除。1927 年 1 至 9 月，就有 3762 人接种了天花疫苗。

在华的美国人和美国驻军发现必须复种中国的"天坛株"天花疫苗才能确保其安全。多数在华教会和外国医院，也纷纷使用"天坛株"天花疫苗进行接种。很多其他国家的来华人员，包括日本人，也开始接种中国"天坛株"天花疫苗预防天花。

30 岁的齐长庆，为中国制造了一把斩除天花恶魔的"天坛株"宝剑。"天坛株"诞生的那一天，齐长庆希望它能帮助中国消灭天花，但他不知道，何时才能实现这一宏伟愿望，或许他还不知道，正是他，亲手拉开了中国消灭天花的战斗序幕，也正是他，为死神的帮凶敲响了丧钟……

"北京株"

齐长庆还惦记着另外一件事：选育一株中国的狂犬病毒种，用于生产人用狂犬病疫苗。

1928 年 6 月，南京国民政府接收了中央防疫处，中防隶属于内政部。齐长庆的技术员身份改为荐任技士。

1930 年 3 月，中华民国政府发布《中央防疫处组织条例》，规定该处掌管传染病研究讲习和疫苗、血清制造与检定。

1930 年，卫生部改名为卫生署，内政部任命美国哈佛大学毕业的医学博士刘瑞恒为署长，而中央防疫处三科也随之进行了调整：

第一科主要制造抗毒素、血清、毒素，进行制品检定、生化试验研究、免疫学研究；

第二科主要制造菌苗、疫苗、抗原，从事细菌学研究、原虫寄生虫研究、菌种保管、培养基制造等；

第三科主要制造痘苗、狂犬病疫苗，进行病毒研究、管理繁殖动物、研究制造兽疫血清及疫苗、预防兽疫研究等。

此时的中央防疫处内设血清室、生化室、疫苗室、痘苗室、狂犬疫苗室、白喉毒素室、破伤风毒素室、接种室等。

1931年1月，齐长庆接受陆军兽医学校校长王毓庚的聘请，兼任该校讲师，教授细菌学。1931年2月，齐长庆正式代理第三科科长，科内工作异常繁忙，主要大量生产天花疫苗，同时也生产防疫用血清，但他还是坚持去学校讲课，一直到7月份，教学任务告一段落，他才辞去讲师一职。

第三科还有一项重要的工作——制造人用狂犬病疫苗。

狂犬咬伤引发的人狂犬病的记录最早可追溯至公元前2300年。公元900年，法国发现狂犬病。公元1500年，西班牙发现狂犬病。公元1708年，意大利发现家犬狂犬病。公元1734年，英国发现狂犬病。18～19世纪，欧洲一些国家经常有狂犬病流行。第二次世界大战后，欧洲的狂犬病向西蔓延。公元1785年，美洲北部发现狂犬病。狂犬病逐渐出现于除南极洲外的世界各大洲。中国是狂犬病的高发国。公元前556年，在《左传》中曾记载过狂犬病。中国各地时有狂犬病流行。

狂犬病是由狂犬病病毒感染引发的一种急性烈性人畜共患传染病，它来源于野生动物（狼、狐、豺、山狗、臭鼬、猫鼬、浣熊和蝙蝠等）。人狂犬病传染源主要来自于犬，其次为猫，偶尔为牛、猪、马、驴、骡等家畜，人感染后一旦出现临床症状，死亡率几乎为100%。狂犬病是世界上病死率最高的传染病。

狂犬病可以预防，这要追溯到1882年法国著名的微生物学家巴斯德创建了狂犬病疫苗用毒种"巴斯德株"。1885年，巴斯德制造了人用狂犬病疫苗，它挽救了无数狂犬病患者的生命。

齐长庆1920年也曾用巴斯德毒种，依照巴斯德法制造出巴氏狂犬病疫苗，但因造价昂贵，用途也不广泛，每年只生产几十人份，遂暂时停产，之后又改进工艺，依旧采用巴斯德毒种，采用山氏法生产狂犬病疫苗，但齐长庆一直打算培育中国人自己的狂犬病疫苗用毒种。

机缘巧合的是 1931 年，袁浚昌先生从北平卫生事务所扑杀的一只疯狗的脑内，分离出一株狂犬病病毒。一直关注狂犬病的齐长庆敏锐地捕捉到了这个信息，他拿到了这株病毒。齐长庆对学生李严茂说："狂犬毒可是强毒，咱们要防护好自己，不能掉以轻心，别让这颗危险的炸弹把咱俩给报销了！"李严茂被老师的话给逗乐了，但他知道病毒可不认人，特别是和这种有 100% 致死率的厉害角色过招，就是在和死神打交道，要特别小心谨慎，以免出师未捷身先死。

齐长庆在学生李严茂的协助下，将该病毒接种至家兔的脑内，齐长庆发现传代过程中，1～10 代，潜伏期不稳定，波动在 10～26 天，而传代到 30 余代，毒力稳定在接种 6 天左右后发病，他成功固定了这株狂犬病毒株，该病毒已由"街毒"演变为"固定毒"。之后，在家兔实验中，此病毒株比其它病毒株早发病一天。他们又用小鼠实验，亦比其他国家的毒种免疫力较强，该毒种的免疫原性在当时已经达到世界一流水平。

面对这株毒种，中华民族荣誉感极强的齐长庆不假思索，便把它命名为"中国株"，后来一想，这不成，如果叫这个名，以后的毒种不好起名了，其他人也说这名字有点忒大，斟酌良久，考虑到这株毒种诞生于北京，自己又是北京人，遂改称"北京株"。

1933 年，中央防疫处开始使用"北京株"毒种，制造人用狂犬病疫苗，并向全国推广使用。

"北京株"狂犬病疫苗一直使用到 20 世纪 80 年代。"北京株"为防治中国的狂犬病立下了汗马功劳。

"北京株"的发展

1931 年齐长庆创建了狂犬病疫苗的生产用毒种"北京株"，在当时"北京株"的免疫原性好，毒性稳定，处于世界先进位置。1933 年起，中国使用"北京株"生产兔脑狂犬病疫苗，后改为羊脑狂犬病疫苗，直至1980 年。

1958 年至 1967 年，中国仅有兰州、武汉和长春三个生物制品研究所生产人用狂犬病疫苗。1965 年，卫生部武汉生物制品研究所的林放涛主持的课题研究组，开始试验用"北京株"毒种，用原代地鼠肾细胞传代培养出"aGT 株"。20 世纪 70 年代，卫生部长春生物制品研究所的褚菊仁、卫生部兰州生物制品研究所的梁名奕、中国药品生物制品检定所的俞永新先后参加课题研究组的协作工作，历时 15 年，于 1979 年共同成功研制出原代地鼠肾细胞灭活疫苗。该疫苗使用的毒种为 aG 株，它是由"北京株"兔脑固定株，连续传 100 代后，再在幼龄地鼠肾单层细胞上传 68 代后，培育出"a 株"，用 55 代的"a 株"感染豚鼠脑后，再经豚鼠脑和地鼠肾细胞交替传代三次，演变成适应稳定的"aG 株"。

1980 年，地鼠肾细胞狂犬病疫苗获得卫生部批准生产文号，开始投入生产，该疫苗只需接种 5 针。之后，中国六大生物所又将 aG 株，在Vero 细胞中传代适应，培育出"aGV 株"，制造 Vero 细胞纯化疫苗。

目前，"北京株"依旧服务于中国的科学研究中。

第四章

创办蒙绥防疫处

筹建蒙防

当时每年中国各地经常暴发传染病，常见的时疫有鼠疫、霍乱、天花、伤寒、流行性脑炎、赤痢、白喉、猩红热、狂犬病、破伤风等。这些传染病的暴发使得防疫工作的重要性越来越凸显。全国各地对抗菌性血清和抗毒素的需求不断增长，中央防疫处的该类产品已经供不应求。然而地处天坛的中央防疫处，仅占地100亩，已经无法再提供更大的空间和场地生产这些制品。

1930年，齐长庆向中央防疫处建议仿照国外先例，在产马区成立分处，扩大制品生产量，满足全国的防疫需求。经南京国民政府卫生署批准，中央防疫处派齐长庆前往张家口、绥远两地，与当地政府接洽，调查建立中央防疫处分处的合适地点和与之相关的筹备事宜。

1931年，"九一八"事变爆发，东北三省被日军占领，中央防疫处拟迁往南京黄埔路1号卫生署内，原址改做北京制造所，设立分处之事再次搁置。

国民政府号召开发大西北。1934年8月1日，在国民政府内政部卫生署与全国经济委员会卫生实验处通力合作下，由卫生署派中央防疫处处长陈宗贤，并调陈文贵、杨守绅技正协同马光礼来兰州筹建的西北防疫处（简称西防）在兰州正式成立。

西北防疫处隶属内政部卫生署，它由中央防疫处处长陈宗贤暂兼处长，由陈文贵代理技正并暂行代理处长事务。西北防疫处的建立，推动了蒙绥防疫处的筹建工作。

1935 年初，绥远省政府及蒙古自治委员会，电请国民党中央，准予绥远设立蒙绥防疫处（简称蒙防）。卫生署遂派中央防疫处处长陈宗贤为蒙防筹备主任，调西北防疫处代理处长陈文贵（西防处务暂由兽医科科长杨守绅代理）和中央防疫处第三科科长齐长庆协助工作。紧接着陈宗贤率领陈文贵和齐长庆，前往绥远，联系筹建蒙绥防疫处事宜。

绥远省主席，第三十五军军长傅作义将军，亲自接见了陈宗贤一行，表示十分欢迎大家来绥远建立防疫处。雷厉风行的傅将军当即就将绥远东街鼓楼附近原"剿匪"司令部旧址，拨给蒙绥防疫处作处址。事后，陈宗贤处长，留陈文贵接收此地，带齐长庆返回北平，组织、调派人员，分别订购和准备必需的机器和医药器械。

蒙绥防疫处的宗旨是以防治兽疫为主，成立制造所，生产血清和抗毒素。陈宗贤处长和其他同事均认为齐长庆去蒙绥防疫处工作最为合适，因为生产血清和抗毒素这两项工作都是他的技术专长。

筹备蒙防之前，在研制血清和抗毒素方面，齐长庆成绩突出，他为中防培养了一批具有生产能力的技术干部，可这些成果和他的目标还相去甚远，他计划要进一步提高制造生物药品的技术能力，经上司同意，他的研究方向转变为人畜共患疫病。他已经从布氏杆菌入手，启动了新的研究方向，正在研读收集到的资料，为下一步的研制工作奠定基础，如果就这么半途而废自己的研究工作，齐长庆可是不太愿意。

卫生署署长刘瑞恒早已打定主意，要派齐长庆去蒙绥防疫处工作，可又不好强派，于是采取缓兵之计，以借调的名义，保留齐长庆在中防的职位，只说派他去蒙防先协助开展工作。

调研工作

1935 年 2 月下旬，齐长庆和陈文贵赴绥东进行调查研究，为蒙绥防疫处未来开展防疫工作做前期准备。虽说蒙绥防疫处设在绥远省，但它的防疫工作范围也涵盖了察哈尔省的蒙旗，当时察哈尔省主席是第二十九军军长宋哲元。齐长庆和陈文贵商议后，计划从东边的蒙旗开始，依次作一番调查。两人到达张家口后，齐长庆依照惯例，前往察哈尔省政府接洽调查工作。一名政府人员告诉他："上月日寇进攻，发生战事，蒙旗陷入混乱，若你们继续进行调查，我们无法保证你们的人身安全。"

齐长庆和陈文贵只好打消了前往绥东蒙旗的念头。他们乘火车沿平绥铁路返回归绥，途中两人下车，调查丰镇、平地泉两地的疫病情况。在前往县政府的路上，他们观察到两县的卫生状况颇为不佳。拜访两县的父母官时，从他们口中得知，虽然两地没有大的疫病暴发，但两县都缺医少药，像天花、白喉、伤寒、痢疾等传染病时有发生，从未有专门机构和专业人员过问过两地的疫病情况，作为当地的开明人士，他们都急盼防疫处派专门人员到当地做防疫工作。

齐长庆和陈文贵回到蒙绥防疫处时，日寇又向西蠢动，国民党中央调派汤恩伯的第十三军，驻扎绥东。鉴于日寇频频进犯，时局动荡不安，他们只好将绥东问题暂时搁置，以待局势稳定，再行工作安排。

齐长庆与蒙政会驻绥办事处的云处长联络，拟赴内蒙古地区进行调查。蒙政会积极反馈，表示极为欢迎防疫处来蒙地调查。于是齐长庆和陈文贵前往百灵庙，开展调查工作。

百灵庙位于内蒙古乌兰察布盟草原之上，是一座名声在外的召庙（蒙古族喇嘛教的寺庙）。百灵庙四周有山环绕，两边有女儿河和百灵河流过，南边接归绥、包头，东边接察哈尔，西边通往宁夏，西北方可以通往新疆，北边与外蒙古接壤。1934年4月，国民政府批准在乌兰察布盟达尔罕旗的百灵庙，成立蒙古地方自治政务委员会，简称"蒙政会"。蒙政会隶属国民党行政院，同时受蒙古地方自治指导长官公署的监督指导。百灵庙蒙政会下设秘书厅、参事厅、民治厅、保安处、实业处、教育处、财政委员会，时辖乌兰察布盟、伊克昭盟、土默特特别旗、锡林郭勒盟、察哈尔盟右翼四旗、阿拉善旗、额济纳旗。

此时此刻，身在百灵庙的齐长庆，他哪里知道，百灵庙是日寇意欲建立伪蒙组织的据点，日本陆军部控制的特务机关"大日本善邻协会"盘踞于此，他们到处收集内蒙古地区的各种情报，而德王和日本人则里勾外连，图谋建立其心目中的蒙古王国，百灵庙实则阴云密布，危机四伏。

蒙政会的工作人员先安排他们二人入住了一座蒙古包，挨着这座蒙古包不远，就是蒙政会的办公地点。齐长庆和陈文贵来到蒙政会实业处。实业处处长和科长均系留日或国内大学兽医畜牧系科毕业的学生。一位年轻人立马凑上前来，紧紧握住齐长庆的手，兴奋地说："蒙政会已经计划建立兽医院、种畜场等，我们正等待政府拨款呢！"原来，此人在北京农业大学上学时，曾找齐长庆探讨过在蒙地建立防疫站之事。

实业处处长介绍他们去拜会云王云端旺楚克。云端旺楚克承袭喀尔喀右旗札萨克多罗达尔罕贝勒爵位，后加亲王衔，人称云王。云王当时是蒙政会的委员长，他表示对防疫调查之事极为欢迎和支持，但具体事务交由秘书长德王负责办理。德王德穆楚克栋鲁普，袭札萨克多罗都棱郡王，被袁世凯加封为亲王。二人转见德王时，齐长庆瞧见这位王爷约莫30多岁，圆脸、个儿不高，可处事却精炼老到。一番言语热络过后，德王立即为他们的调查工作预先指定了贫、富两个地区，并指派了一名蒙语翻译，辅助调查工作。

蒙语翻译是土默特旗人，苏联留学生。他带着齐长庆和陈文贵先走访了贫困地区。这个地方距离蒙政会只有30余华里。该地区围绕着一口井，建有八九个蒙古包。走访的一家，夫妻两人均五十开外的年纪，他们的幼女在家，年长的儿子被征调到王府做奴隶。男主人殷勤地撩开蒙古包的包帘，躬身请大家进入。映入齐长庆眼帘的是陈设极其粗糙简陋的家具，包内中央处有牛粪炉火，炉火长年不息，包顶有能关闭的天窗，包下部可以通风，据说这是经前清皇帝谕旨改良过的蒙古包样式。

在和这家人聊天的过程中，齐长庆问及疾病时，健谈、开朗、肤色黝黑的蒙古族丈夫通过翻译转述："这里的性病倒是很普遍，也有天花和白喉，我们已经种过牛痘。兽疫非常严重，特别是牛疫，牛疫几年就暴发一次。"他还哀叹道："蒙古地方今不如昔，草原退化，牲畜减少，我年轻时，到处水草丰茂，马、牛、羊，牲畜兴旺哩，在家乡从事生产，较为容易，出外当兵，也能得到优厚待遇，从前僧王带的兵，多是蒙古人，现在的蒙民生活，远不如从前，我虽有一群牲畜，但真正属于我自己的极少，多是替人代牧，如果水草不能改进，我的生活自然就会越来越糟糕。"

离开这户人家，他们随翻译又来到比较富裕的原康熙大营地区。这里牧草虽长势不高，但非常丰茂。一条潺潺流淌的河流，一口水井，十几个蒙古包。此地属于王府牧地，牧民主要是替王府代牧，也允许放牧自己的牲畜，生活相对较为富裕。同样，他们也入户问询了疫病情况。

经过对贫、富两地的实地调查，齐长庆向德王提出建议：

在牧区，首先应该注意水源。其次，改良牧草，同时建议收存牧草，到冬春季再给牲畜补饲，防止"春瘦"导致牲畜倒毙。另外，请德王派员和防疫人员一起做牲畜防疫及兽病医治工作。

此外，齐长庆还向蒙政会实业处建议设立种畜厂，繁殖细毛羊、高产奶牛，以改良土种牲畜，提高牧业产值。

根据对蒙地的调查情况，蒙防计划在蒙政会设立防疫站，防疫站需向牧民发放卫生宣传小册指导他们防疫，同时为防治牲畜疫病，需进行经常性巡回诊治。

代理处长

经呈准，齐长庆从中防抽调技术助工钟昆、事务职工吕德贵等人，又招聘原陆军兽医学校教官龚懋熙、姬广斌等兽医专业人员，以及一些中防的职工子弟，共计20余人组成蒙绥防疫处工作人员。1935年7月初，齐长庆带领这20多人，乘坐火车，离开北平，一路向西，赴绥远归绥工作。

此时，蒙绥防疫处位于绥远新城东街3号的处址，已经全部接收完毕，订购的机器和医药器械，以及所需生活用品，大部分已经抵达就位。

蒙绥防疫处的机构建制，设为两科一室。第一科调查蒙绥地区传染病流行情况及卫生现状，进行防治及改进。第二科调查研究蒙绥地区兽疫流行及家畜放牧、饲养等情况，以便研究制造急需之兽疫血清和疫苗制品。事务室负责管理本处行政事务工作。

人员编制也研究拟定为，设置处长一人，简任技正二人，荐任技士二人、技佐三至六人，事务员、办事员四人，均为委任。根据工作需要，设练习生若干人。

当时，蒙防经费，核定每月为1902元。如果上述编制的人员补齐，则每月经费就会支用净光。

1935年8月1日，蒙绥防疫处正式宣布成立，按照惯例，处长均为兼任，代理处长为驻地实际负责人，蒙防处长由中央防疫处处长陈宗贤兼任，每月支取办公费100元，不再另行支薪。对于办公费，规定一半费用归代理处长使用。卫生署决定由陈文贵为简任技正，代理处长，龚懋熙为技士，姬广斌、温锡章等为技佐，吕德贵、李志新、李郁之等为办事员，朱宝树、赵真、高茂生、李严福等分任助理员及练习生。

1935年9月，卫生署署长刘瑞恒急调蒙防代理处长陈文贵赶赴南京，任命陈文贵为新成立的防疫队队长，令其前往陕西榆林一带防治鼠疫。随后，卫生署任命齐长庆接任简任技正，代理蒙防处长，薪金每月300元。

1935年冬天，中央防疫处奉命离开北平，迁往南京。此时，卫生署已经成立了防疫司，主管全国防疫工作。中央防疫处在天坛的原址，改称中央防疫处北平制造所，专门生产生物制品，由少数职员留守，因留下的设备稀少，又缺乏技术人员，留守人员根本无法开展工作。

齐长庆接任代理处长后，首先对人事作了重新调整和安排：

调任钟昆、高达任技佐，指派葛禧为办事员，阎求贤为助理员（专职管理锅炉火电），韩文乃为管理事务员（专职管理马号）。从绥远当地招收了10名具有高小以上文化程度的练习生（高通、张文荣、吴瑞广等），练习生每人每月薪金12元，每年供给布呢制服。

齐长庆开始培养这些练习生，要求他们一边工作，一边学习。技术学习由浅入深，内容包括理化、细菌学和人畜传染病学，晚间还学习英文、日文和国文。这些练习生后来散落于四川、陕西、西藏等地，成为当地的技术骨干。

蒙绥防疫处办公地点绥远新城东街 3 号，是前清都统衙门，面积仅小于当时绥远省政府所在地的前清将军衙门。此地院落宽敞，西南两面和绥远城鼓楼相接，占地约五亩，房屋 50 余间，房屋建筑形式宽大。齐长庆接手该地时，房屋已经修葺一新，室内由中式改为西式，全部为抹灰顶棚，洋灰地。

根据实际工作需要，齐长庆重新安排了工作区和生活区。工作区里设立了教室、培养基室、消毒室、实验动物室、锅炉房、实验室、档案室、库房、兽医门诊室等；生活区里设立了职工宿舍、伙房、食堂等。

齐长庆特别关注两处场所的设立：一是教室，二是兽医门诊室。教室用来培养技术人员。设在蒙绥防疫处后门临街的兽医门诊室，是为了方便大众前来免费咨询和就诊的，这样利于学以致用，理论和实践相结合，也有利于调查和防治牲畜疫病。齐长庆对练习生说："咱可不能成了天桥的把式——光说不练。"

考虑到需要建立动物饲养场所，又在防疫处的西南角，靠近城墙处，购入了官荒地 10 余亩，另购民地 20 余亩，共计 30 余亩。在这里修建了实验室、注射室、采血室、分离血清室、隔离马厩等，共计两排 20 间平房。另外又建筑了两排 15 间马厩房，可容纳 50 余匹马，为此还建有草料室，陆续还建起了牛、羊、猪圈和鸡舍。

绥远地处寒地，气候较冷，马厩的建设，十分缓慢，蒙防雇用的建筑工人，全系山西籍农民，冬去春来，一年只作半年，他们来去完全依靠步行，建成一座马厩，耗时半年之久。蒙防建设任务延续至次年 4

月，这才全部完工，共计瓦房 70 余间。由于绥远气候严寒，未能修建水塔，改用水泵从井中抽水，解决了用水问题。齐长庆从北平燕京工厂订制的锅炉、高低压蒸汽锅、煮锅、消毒器等，此时均已完工，为方便安装，该厂派年轻技术工人赴绥远工作，该厂祖厂长还亲自赴绥远检查安装情况。

蒙绥防疫处的建设，从 1935 年 10 月开始，至 1936 年 4 月结束，历时半年，所有基建工作全部完成，全部建设费用，齐长庆控制在万元上下，这些费用均由中央防疫处提供。

卫生署派齐长庆坐镇蒙防，虽说他在中防的人兽共患病研究计划被迫搁置，但考虑到在蒙防可以施展抱负，为民造福，他又对未来充满了信心和期望，在蒙防的设计和规划上，他力求完备，除精心安排器械、设备、房舍之外，对于生产环境也没忽视，为美化和净化环境，防止沙尘的袭扰，在房前、屋后，凡空隙之处，种上草皮和丁香树，在马厩外，栽上耐旱树，还在空余的土地上种植牧草。绿茵马嘶、时闻鸟声、花香袭人、树影婆娑的蒙防，不再是一张图纸，它活生生地矗立在了这座新城里。穿着蒙防订制的布呢制服的职员和夫役，变身为整齐划一的队伍，这支队伍有严格的规章制度，人人各司其职，各尽其责。

1935 年秋冬季的齐长庆冗务缠身，已无法分身进行调研工作，他派员在绥远附近的东胜、五原、临河各地继续进行疫病调查，反馈来的信息显示这些地区的情况大致相同，而且牲畜放牧及疫病情况和蒙地也很相似，唯一不同的是蒙地是纯牧区，这些地区发展的是农业生产，这里的人民生活比牧民富裕。

畜牧兽医归绥远省政府建设厅管理，然而建设厅却没有一名畜牧兽医人员，涉及有关畜牧兽医的工作，建设厅一股脑儿地全部转给蒙绥防疫处。萨拉齐县（简称萨县）农场想获得畜牧兽医方面的帮助，也被建设厅直接推给了蒙绥防疫处。萨县农场的负责人任承统，在林业方面学有专长，而且做事特别认真，他联络蒙防，希望获得蒙防的帮助。

任承统告诉齐长庆，他们在萨县的农场规模较大，正从山西招雇大批农民进行开荒，并饲养了马、牛、羊等大批牲畜，试种了各种牧草及苜蓿等草本植物作为饲料。齐长庆在和任承统的交往中，极为赞赏其学识和人品。蒙绥防疫处和萨拉齐县农场进行了积极的合作，成立了萨拉齐县防治所，帮助农场进行兽疫防治和相关的试验工作，取得显著的成效。

发现牛羊疫病原

牛疫是中国民间的一大兽疫灾害，其中牛瘟是危害广泛的一种急性高度传染病。齐长庆在日本学习时，导师城井尚义博士曾派他到釜山兽疫血清制造所实习，那时他就十分留心学习牛疫的防治方法。

蒙绥防疫处初建时期，齐长庆首先着手制造牛瘟疫苗，引进蛎川甘油稀释方法，采取病牛的淋巴腺、脾脏等，制成兽用牛瘟脏器疫苗数十万毫升，此外，还生产了大量的抗牛瘟血清。蒙防将这些制品分成两部分，一部分用于绥远附近的防疫工作，另一部分留给蒙地使用。

起初，当地老百姓不相信疫苗，拒绝使用蒙防提供的免费牛瘟疫苗，他们害怕这种叫疫苗的东西，会危害他们的牲畜。齐长庆就琢磨该怎么办？他想到可以通过民间劝导的方式进行推广，当地老百姓很多人相信教会，教会的牛奶房，使用了这种疫苗，得到成功免疫的好评，这才使心存疑惑的民众打消了顾虑，纷纷给牲畜注射牛瘟疫苗，然而疫苗防疫效果显著，出现供不应求的局面，蒙防就像遭到挤兑的银行，没有了现金流，好事瞬间变坏事，口诛笔伐接踵而至，看着有人在报纸上写文章对此事进行大肆攻击，齐长庆唯有叹息、苦笑。其实，蒙防的经费极为短缺，申请费用又极为不易，实在难以满足民间对牛瘟疫苗的大量需求，只能再次恳请上级，增加经费，扩大生产。

1935 年，德王向蒙绥防疫处告急，原来察哈尔省的锡林郭勒盟苏尼特右旗突发牛瘟，畜群损失惨重，他请求防治牛瘟。

齐长庆认为这是蒙绥防疫处首次在蒙地进行兽疫防治工作，为了取信于蒙民，他决定亲自率龚懋熙、姬广斌等技术人员携带药械和牛瘟脏器疫苗前往苏尼特右旗，开展防疫工作。

在百灵庙，齐长庆和德王先碰面，他急于了解疫情状况，蒙政会很快准备了交通工具，防疫人员赶往疫区，沿途经过达尔罕贝勒旗、四子王旗，最后到达苏尼特右旗的疫区。

防疫人员进驻苏尼特右旗衙门内的平房。苏尼特右旗由德王长子都固尔苏隆负责。在指派的蒙语翻译带领下，齐长庆见到了小王爷，这位小王爷能讲一口流利的北京话，根本不需要翻译帮忙。当天由衙门派车马，送防疫人员到达王府以南三十华里的疫区，立即对病牛进行检查诊断。

齐长庆仔细观察病牛，并无牛瘟的症状，病牛呼吸困难，打诊胸部有回音，有胸膜炎症状。解剖已毙病牛尸体，见有大量胸水，肺脏有大理石样变状，证明病牛所患系为胸膜肺炎。当即采取病理材料，派人送回蒙防检查，使用加马血马丁氏培养基，培养出小体牛肺疫丝状枝原体，再次证实为胸膜肺炎。齐长庆又进一步详细询问牧民，了解到该地是前往张家口的通道，牧草比绥西丰茂，疫病发生范围较广。防治人员随即对王府附近的牛群作了部分疫苗注射。

返回途中，齐长庆先赴百灵庙，向德王作了疫情汇报，告之此病非牛瘟，而是牛胸膜肺炎传染病，一种牛疫中的牛肺疫，并表示对此症有办法防治，若用"九一四"砒素治疗，也能治好此病。德王闻听有办法防治，连忙对齐长庆说："我们这里一年之前，还曾突发过山羊瘟，自西向东传染很快，山羊死亡惨重。"齐长庆听到这一情况，马上想到也正是去年，西至新疆，东至东北，山羊疫流行，死亡惨重，无人发现病原，当时有人做过病原分离工作，但均无阳性结果，他马上决定探明病原，遂将技术人员姬广斌留在百灵庙，继续考察山羊疫情。

回到蒙防，齐长庆又打听到西北防疫处也在某地发现过山羊疫，曾用各种实验动物进行试验，均不发病。齐长庆又遍查可以找到的日、英文等书籍，也未发现有关此病的记录，于是准备亲自试验，确定病原。

恰在此时，在距百灵庙以东较远地区发现散发病羊，留守观察的姬广斌马上汇报。齐长庆让其立即宰杀病羊，用消毒液浸布包裹，运回防疫处进行剖视，发现有胸膜肺炎症状，当即用胸水注射实验山羊，四五日后，发现实验山羊体温升高，呼吸急促，有胸水症状，更证实为胸膜肺炎，又在德文书籍内，查到此病的一条简短记载，又用山羊的病理材料，使用加血马丁培养基，经过五六日后，培养基混浊，用高倍显微镜检查，有大小各种形态的小体山羊丝状枝原体，进一步证明此病为传染性山羊胸膜肺炎，随后分离培养出病原小体，减毒试制疫苗。

蒙防将以上发现，详细记录，呈报于卫生署工作月报之上。中国兽医界在以后才知道，此病在亚洲也曾经发生过。

1936 年，蒙防制造出牛肺疫疫苗，注射于民间牛群作示范，证明安全有效。

受到牛羊胸膜肺炎疫情的启示，齐长庆考虑内蒙古地区可能还存在其他多种传染病。炭疽是一种急性传染病，牛马羊等牲畜极易患病，因此他便制造了兽用炭疽菌苗。

当时，对炭疽的试验有 mazzuchi 氏的 Carbazoo 株加肥皂素的方法，齐长庆的试验结果证明这种方法并不安全，用于试验的十余只绵羊死亡，他和西北防疫处的代理处长杨守绅进行了交流，获悉他们也曾用过此法，试验结果如出一辙。齐长庆随即改用斯特的旧方法即高温减毒法进行试验，此法倒很安全。根据试验结果，证明 Carbazoo 株变性，原因是中国绵羊对炭疽感染毒性增强。

制造炭疽菌苗的过程，启示了齐长庆，他得出两个观点：

一是，亟须进行中国兽疫药品的制造；

二是，从外国引进的兽疫制品，需要经过试验研究，才能确保其安全性。

要制造兽疫制品，需建造隔离马厩，这也是蒙防为什么积极筹备，将隔离马厩盖成的原因。蒙防还制造了马乃因，以作马鼻疽检查之用。

另外，考虑到蒙地羊只因冬季缺草，普遍发生疥癣，蒙防建议省府在蒙地各旗建起硫磺药浴地，治疗羊只疥癣。

齐长庆还打算对鸡瘟、猪疫等进行研究，并试验过鸡痘、羊痘等疫苗，但因人员、设备、经费实在不足，无法深入实施，只好从长计议。

山西的一位地主在绥远大量垦荒，养有耕畜及马匹等，特派骑来请蒙绥防疫处的人到农场为牲畜医病。因蒙防工作任务繁重，已无人员可派，齐长庆请合作的萨拉齐县农场就近派员协助防治。

蒙防除了生产牛瘟脏器疫苗、抗牛瘟血清、牛羊肺疫疫苗、炭疽菌苗、马乃因等兽用制品之外，最重要的任务是为中央防疫处生产人用血清制品。

齐长庆从日本回国后，首要进行的是痘苗（天花疫苗）和抗菌性血清的制造工作。当时在北京养牛，尚有困难，齐长庆提出将血清制造工作移至绥远，中央防疫处曾派齐长庆赴绥远作过一次调查。蒙防有中防血清室派来的技术助工钟昆协助工作，但血清室的分工极为细致严格，钟昆只作抗菌性血清检查，齐长庆只好全面负责起血清制造工作。

1936 年 3 月，蒙防购买马匹进行检查，4 月开始注射。首先，以流行性脑炎血清注射马匹，因抗流脑血清主要是用生菌注射，危险性大，注射马匹往往因过敏而死亡，这在中防已有先例。齐长庆曾用肾上腺素和大量食盐水注射马匹，证明能够挽救马匹生命，这样，一匹马注射流行性脑炎血清后，能用年余。一匹马全身采血加部分采血可收到两万毫升左右血清，市价值一千元左右。一匹马在绥远售价 50 元，其产品利润非常可观。蒙防经过前后一年多的生产，仅此一项产品，产值已达四五万元，除送交南京中央防疫处血清 60 万毫升以外，蒙防还有血清存货。原本抗流脑血清凝结价为 1600 倍，为了防止运输途中损失效力，蒙防当时制造的凝结价为 3200 倍。蒙防制备的抗流脑血清，大量供应人群防治需要，证明安全有效。

除了抗流脑血清之外，蒙防还制造了大量的破伤风血清，不仅如此，齐长庆还亲手试制各种培养基和甘氏抗原、华氏抗原，为将来作霉毒检验和结核菌素做好准备。此后，蒙防又制造了抗赤痢血清、抗白喉血清、抗猩红热血清，并用两头牛种痘，制造出"天坛株"天花疫苗。

蒙防制造的所有人用血清和疫苗制品，除留一小部用于当地防疫之外，其余大部分均送交南京中央防疫处使用。

署长视察

1936 年春，绥远省政府派蒙政科科长来到蒙绥防疫处，他对齐长庆说："日本人开来两辆车，一车为医务人员及药品，为蒙民医治疾病，另一车运载现洋以救济蒙民之贫苦者。因此省政府拟派车由防疫处派人去蒙地做巡回治疗工作。"齐长庆马上电话联系蒙政会。蒙政会当即表示："欢迎防疫处人员来蒙地，我们派队护送。"很快，这个消息传到了国民党那里，国民党党部和参谋部派驻蒙绥的官员闻风而动，要求派人参加，以便了解蒙地情况。

由于各种复杂的势力都交汇于此，蒙防人员都感觉到了说不出原因的不安，而齐长庆也有前所未有的深深疑虑。当一件事情你不知道原因时，并不代表它没有原因，最终蒙防决定不参与蒙地巡回医疗。

很快，这种强烈的不安感被事实所证实，为一己之私，德王投靠了日本人，出卖了国家和民族利益。日本人打着亲善的幌子，假借看病送药等活动，觊觎中国的领土和领土之上的各种资源。

1936 年 5 月德王在化德县嘉卜寺成立"蒙古军政府"。日本人公然出钱、出枪，支持德王大肆招兵买马，并派出军事顾问和各级军官担任指挥任务。德王投靠日本人之后，百灵庙成为日本人和伪蒙军的占领地。

1936 年 11 月，国民政府绥远省主席、第三十五军军长傅作义将军，周密部署，率部奇袭了驻扎于百灵庙的德王伪蒙军和日伪军。百灵庙大捷是局部抗日的胜利，这次为国御敌的胜利令中国人民倍感欣欣鼓舞，纷纷赞扬傅作义将军的抗日壮举，绥远这个地方顿时成为全国人民关注的焦点，并且各地纷纷捐款、赠物，各界人士也纷纷赶到绥远，慰问抗敌将士。

同样，国民政府卫生署也把关注的目光投向了绥远，署长刘瑞恒抵达绥远检查军医院工作，同时视察蒙绥防疫处的工作。刘瑞恒不仅检查了蒙防各科室的工作情况，而且还听取了齐长庆的汇报，他表示对蒙绥防疫处的工作极为满意，与他同行的还有两位美籍华人资本家，他们对于蒙防的设施和制品也都是啧啧称赞，议论说没想到在这里，还有如此完备的一个生产机构。

在交谈中，刘署长转告齐长庆："傅主席在我面前也称赞了蒙防的工作，蒙防和地方能够精诚合作，颇为难得。"

看到刘署长心情颇佳，齐长庆便乘此机会，向刘署长当面申述："蒙防还有一部分计划，因经费问题，尚难实现！"刘署长立即爽快地回应道："你马上编造预算，送署核拨即可。"

齐长庆知道国民政府对于防疫这块的投入并不多，他怕这次争取来的经费会有变故，随即决定趁热打铁，随同刘署长一起返回南京，并向主管部门进行陈情疏通，这才稍觉安心，返回绥远。

由于卫生署和绥远省政府共同为蒙防向行政院请求增加经费，因而行政院批准增加蒙防经费年五万元，并一次拨发临时费六万元，中央防疫处还允诺拨发设备费一万元，卫生署即令蒙防编造预算，报署批示。齐长庆立刻遵令，赶造预算。

雄心勃勃的齐长庆，他的计划如下：

蒙防建制和建筑相应扩大，原第一科，需要防疫医生，扩大与蒙古卫生院合作，共同进行防疫工作。第二科以龚懋熙作科长，补充技士若干名，成立两个防疫站、两个防疫队。蒙防原有职工宿舍、食堂、伙房迁移，另建于原马厩处。将兽医治疗站，迁出蒙防外另建。在蒙防内添建发电机房、蓄电池场所，以达到蒙防内设备电器化。并建筑水塔、煤气发生炉室，试验室也加以扩大，建立恒温室及冷室。另外，还计划为中央防疫处建造痘苗制造室和马厩两幢，并为中央防疫处增补数名技术员、助理员、练习生、职工等，其工资统由中防企业支付。成立防疫人员训练班，招收蒙汉学生各20名，学习两年后毕业，提前为蒙防的进一步发展做好人员储备工作。

蒙防成立只有短短两年的时间，在人员不多、经费不足的情况下，还是做了大量工作。齐长庆总结出七点收获：

1. 生产了大量的兽用牛瘟脏器疫苗和抗牛瘟血清；制造了兽用炭疽菌苗、马乃因等。

2. 为中央防疫处制造了大量安全有效的人用血清和疫苗制品（抗流脑血清、破伤风血清、抗赤痢血清、抗白喉血清、抗猩红热血清、天花疫苗）。

3. 第一次发现蒙地牛、羊胸膜肺炎，并制造出牛羊肺疫疫苗。

4. 培养出一批技术人员。

5. 在调查、防治、制造各方面都得到一些宝贵的实践经验。

6. 积累了领导应该走出实验室的经验。

7. 积累了和地方成功合作的经验。

第五章

辗转抗日

撤至长沙

齐长庆雄心勃勃制订的蒙防计划尚未批回,"七七事变"发生了,卢沟桥的炮声隆隆,驻守卢沟桥的宋哲元将军第二十九军奋起抗日,北平城里的人们从丰台大捷的《号外》中还未醒过味来,就发觉满世界变成了白底红日的膏药旗。1937 年 7 月 29 日,北平沦陷,中央防疫处的北平制造所也被日军占领。"七七"事变之后,卫生署由南京迁往汉口,卫生署改隶内政部。

正当蒙防加紧生产,酝酿进一步扩张之际,风云突变,抗日战争的枪声,很快在绥远打响。国民党中央军汤恩伯部进驻南口,绥远除傅作义将军第三十五军外,又成立了绥远地方军队一个师。

日军飞机常到绥远上空侦察,战争阴云迫近,蒙防的工作人员已无法安心工作,每天听广播,听战报,人心惶惶。蒙防职员的亲属大多已经转移至距离归绥市 100 多公里以外的萨拉齐县,其中包括齐长庆在蒙绥迎娶的第二位夫人白旭贞和他从北平带来的 10 岁的三子齐续曜。

齐长庆代理蒙绥防疫处处长之后,有朋友看到他孤身一人在归绥生活,建议他再成个家,还介绍他认识了某部军需处处长白福广。白福广也是满族人,祖籍吉林省长白山地区,他的大女儿嫁给了一位西医开业医生,二女儿也到了适婚年龄。白福广听朋友讲齐长庆为人不错,事业有成,他同意齐长庆和自己的二女儿白旭贞先见见面,看看是否有缘,其他再说。

1936 年的秋天,层林尽染、叠翠流金,齐长庆来到归绥市辘辘把巷,走进一处院落，瞧见在院落的一角，有一个小火炉，院里高耸的杨树杈上，一只喜鹊，叽叽喳喳叫个不停，这里就是白福广的家。

齐长庆见到了眉清目秀、肤色白皙的白旭贞，她正和表嫂胡毓绵一起学做针线活。白旭贞的母亲是维吾尔族人，她热情好客，特意招待齐长庆吃了顿莜面家常饭。

落落大方的白旭贞令齐长庆一见倾心，这门亲事很快定了下来。按照规矩，齐长庆请了一位"全福人"，作为娶亲太太，由她全权负责男方迎娶诸事。白旭贞和表嫂胡毓绵情投意合，由她帮着叔婶筹办婚事。迎娶吉日，齐长庆带娶亲队伍上门迎亲，首先向丈人、丈母娘作揖"谢亲"，上午十时白旭贞上喜轿，送亲的表嫂和妹妹，随轿同行，送亲娶亲人，一同前往归绥新城大北街的喜房，新人拜过天地之后，众位亲朋好友被请到饭庄吃喜酒。

1937 年 9 月 10 日，日军占领山西大同后，直扑丰镇和集宁两县。

12 日，丰镇失守，蒙绥防疫处突然接到绥远省政府通知：各机关立即撤出绥远。

13 日，卫生署来电，令蒙绥防疫处由归绥新城东街 3 号迁往湖南长沙，临时帮助中央防疫处共谋司事。

齐长庆立即结束处务，安排技佐高达、办事员葛禧留守，将主要设备、器械、药品、文件、书籍等分别装箱，由各职员携带，一起向西，撤往萨拉齐县新村防治所，在此集合全体蒙防人员及家属，告知大家准备撤往长沙，嘱咐重要物品全部打包、装箱，随时准备撤离。

14 日，齐长庆只身赶赴包头，寻找蒙防撤离的交通工具。经多方联系，获悉中央第七后方医院进驻包头，该院院长王荫东是齐长庆的旧识好友。齐长庆赶紧找到王院长，从他口中得知第七后方医院已接到山西省政府主席阎锡山的命令，由包头退至山西，医院已经预备好了一条大船，可载二百余人，他们全院有百余人，拟由黄河退至山西碛口。齐长庆请求老友给予帮助，王院长人很豪气，没有推辞，同意蒙防全体人员随他们一同撤退，但提出蒙防人员必须快速到达包头，因时局变化莫测，医院无法久候。

16日，齐长庆返回萨拉齐县防治所。蒙防的职员很多拖家带口，不便迅速撤离，时间紧迫，齐长庆组织无家眷的吕德贵等七名职员，携带贵重设备、器械、药品、文件等箱件，准备火速运往包头，乘船南撤山西。

恰在此时，同归卫生署领导的蒙古卫生院的桑沛恩院长，派他的司机找到齐长庆，称他们拟搭乘小汽车从旱路撤往内地，邀齐长庆一起撤离。考虑到这或许能更快为蒙防同仁及家属找到一条撤往长沙的出路，齐长庆临时决定不随同仁赶赴包头，于是令吕德贵等人携带物品立即出发，奔赴包头，与第七后方医院汇合，乘船撤往山西，而他自己则折返归绥与桑院长汇合。

齐长庆很想带着夫人白旭贞和三子续曜一起走，但夫人有孕在身，儿子又年幼，权衡利弊之后，无奈的他只得将妻儿留在了萨拉齐县，托付给蒙防家属代为照顾。

17日，齐长庆乘蒙古卫生院的小车返回归绥。

18日，齐长庆携带印信，随桑院长乘小汽车取道托克托，过黄河，赶到山西河曲，然而军事形势变化太快，陆路阻塞，原本打算乘火车到达潼关的计划彻底泡汤。蒙古卫生院的桑院长决定停止前行，暂住河曲。

面对滚滚黄河水，齐长庆心急如焚，三十多口职员和家属怎么办？他不想停滞不前，于是冒险乘船，顺滔滔黄河南下，到达山西碛口，又转介休，搭乘火车到达陕西潼关。

就在齐长庆一路往南艰难跋涉之时，10月14日，德王的亲信李守信率蒙古军跟着日军占领了归绥，成立了蒙古联盟自治政府，并将归绥市改名为厚和豪特市。

经过各种难以预料的艰难曲折，齐长庆走走停停，10月间，终于抵达长沙。此时，失散了很多宝贵的技术人员的中央防疫处已经退守长沙。见到陈宗贤处长，齐长庆向他汇报了蒙防撤离绥远的情况，并将处务和印信一并交还于他。陈处长立即安排齐长庆回归中防工作，主要负责生产"天坛株"天花疫苗。

到达长沙后，齐长庆开始联系蒙防人员，直到11月份，他才陆续收到蒙防的各种回应消息。第七后方医院来函电，获悉练习生朱宝树等人携带书籍和药械十四箱与第七后方医院已退至山西汾阳。齐长庆当即电令他们速退潼关，转赴汉口，前往湖南长沙。蒙防事务员李静泉来函，称其已至绥西陕坝，途中遇险，由他携带的物品全数损失。蒙防职员李严福到达长沙，报告齐长庆，蒙防留守萨拉齐县及撤至沿途各地人员，遭日军胁迫，大部分被驱赶回绥远归绥。

齐长庆还得知，夫人白旭贞带着10岁的三子，在一路南逃中，险些丧命，逃到一处叫二十四顷地的村子，未足月的女儿，就迫不及待地来到了这个兵荒马乱的世界，万幸的是投宿的那户人家，有一位懂得医道的蒙古族老奶奶，帮助已经虚脱的白旭贞生下了早产的女儿。白旭贞瞧着像小猫儿一般大小的女儿，眼泪直淌，不知所措，一位得信赶来的马姓回族大嫂，毫不迟疑地将自己的奶水，灌进了那张嗷嗷待哺的小嘴里。

1937年12月初，日本关东军高岛部队已派兽医中佐并川，以及日军第二十六师团兽医大尉市川，到达绥远，侵占了蒙绥防疫处的全部财产。

12月底，由日军第二十六师团兽医部全部接收了蒙防，兽医部对蒙

白旭贞和女儿合影，1939 年摄于北平

防设备及生产能力大为赞许。日本人在蒙防的旧址上，建立"蒙疆家畜防疫处"，此处由日本陆军兽医小林七郎少佐担任主任指导官，古井、井上陆军技术员辅佐之，并充实了日本的兽疫学士、博士等技术人员，除日本技术人员外，还专门成立生产部，以原蒙防的人员为技术骨干，生产兽用疫苗和血清。

1938 年 4 月，由退役日军兽医中将、医学博士柏五郎，担任"蒙疆家畜防疫处"处长。之后，另外成立了培养防疫人员的专门学校，还在张家口设立分处。

日本伪蒙疆政权设立的"蒙疆家畜防疫处"及其派出机构，主要进行防疫研究，制造兽用血清，预防兽疫流行。日本人设立防疫处的真实目的是保障其顺利掠夺该地区丰富的畜产资源，为日本的战争经济提供服务，此处已沦为魑魅魍魉的巢穴。

蒙防的遭遇，像一大块铁坨，死沉死沉地压在齐长庆的心口上，经过两年多勤奋工作，真是惨淡经营，要人不易，要钱不易，日寇占领后，却加强了兽疫防治，此处的重要性可见一斑。

蒙防的一砖一瓦、一草一木，以及那些他倾力聚拢和悉心培养的技术人员，均沦陷敌手，令他五味杂陈，他把自己看作一个棋手，他在复盘时觉得自己下错了一步棋，正是这步棋，使他失算，他想，如果当时带领同仁随第七后方医院一起撤退，退到西安，在那里或可大有作为，那时抗日战争还处于初期阶段，市面上对血清、抗毒素等制品需求迫切，许多公家和私人机构都极想投资设厂生产这些制品，蒙防不仅掌握生产技术，还具有生产力量，如果当时能在西安立即设厂生产这些制品，既能满足民众和抗日部队的需求，也能保障同仁的生活，他们就不会遭到敌人的胁迫。然而现实的境遇无法逆转，日寇侵占下的蒙防，已定格于支离破碎、分崩离析之中。

恢复蒙防建制

　　齐长庆的蒙防队伍已不复存在，只好留在中防，继续生产制品。当时，中央防疫处借用湖南省卫生实验所的地方生产狂犬病疫苗、天花疫苗等产品。中防在武汉也设立了办事处，作为运输分发生物制品的中转站。12月份，武汉也岌岌可危，中央防疫处又开始计划往昆明迁移。

　　1937年12月，国民政府由武汉搬至重庆办公。1938年卫生署随内政部西迁重庆。同年，国民政府内政部卫生署新任副署长金宝善来到长沙，他认为抗战将会是长期的，西北是抗战的大后方，那里的工作十分重要，因此，他要求齐长庆："蒙绥防疫处的建制不能取消，你去西北恢复蒙防的工作。"

　　齐长庆立即携带关防，奉命前往西北，尽管交通不畅，费尽周折的他辗转到达西安。在西安，齐长庆遇见了陕西防疫处处长杨鹤龄，老友热情招待齐长庆住到他处。齐长庆开始召集蒙防失散人员到西安汇合。

　　杨永年，时任军政部军医署防疫队队长与国联防疫办事处处长，此时他正带领国际联盟防疫团在西安办事处工作。

　　杨永年和杨鹤龄都多次极力说服齐长庆为各自生产全国各地急需的血清和抗毒素。齐长庆想先和他们一起合作，生产稀缺的血清和抗毒素，然而卫生署还是坚持要求他先恢复蒙防建制，至于生产之事，容后再议。

　　齐长庆收到好友田让斋的来信，获悉蒙政会委员荣祥在榆林成立了临时办事处，这让他看到了一丝希望，于是重新组织人员，委派兽医程明瀛、王从简、么仲江为技佐，刘敬、齐续祥负责事务性工作；指派朱宝树、高通等成立防疫队，并购买了必备的药械、驮骡等物资工具。齐长庆首先令防疫队奔赴陕北，进行兽疫防治工作，同时与陕北榆林的荣委员取得联系，寻求未来重回绥远重建蒙绥防疫处的机会。

恢复蒙防建制后，两位杨处长一再提议共同合作生产血清，于是齐长庆又亲赴长沙，与中央防疫处陈宗贤处长商议此事，还请拨了菌毒种检定材料，以及急需的器械药品材料，特别是中性玻璃器材等物品，一并运回西安。

两位杨处长都有强烈的合作意愿，他们各自的优势又不分伯仲，齐长庆一时也难以决定和谁合作更好。此时，敌人已席卷山西，而陕西也危在旦夕，西安屡遭敌机轰炸，从郊区到人口稠密的市区，日寇均派机轰炸，西安显然已经不适合做生产场所，而位于兰州的西北防疫处已成立数年，马厩、注射室、冷室、恒温室、高压蒸汽锅等应有尽有，且试验室设备齐全，于是他不再犹豫，立即决定将蒙防迁往兰州，生产军民急需的血清和抗毒素。

1938 年 11 月，齐长庆率蒙防人员迁至兰州，入驻西北防疫处新建的九间实验室，依附西防开始办公，然而人算不如天算，西防建设的马厩却被后方医院抢占作院址，齐长庆原定在兰州生产的计划，一时又落空。

西北防疫处原由技正杨守绅代理处长，他是齐长庆陆军兽医学校的同学。1938 年 12 月，杨守绅的处长之职，交由杨永年接任。卫生署令齐长庆做杨守绅和杨永年职务移交的监交人。

1939 年初，卫生署再次进行人事调整，因陈宗贤出国考察，中央防疫处由汤飞凡代理处长，仍令齐长庆代理蒙防处长。

蒙防入驻兰州，依附西防，不能生产制品，殊非长久之计，齐长庆再次考虑迁址。额济纳旗从属于蒙地，他便派郝林、张文荣二人前往额济纳旗，进行实地调查，两人反馈的信息是："额济纳旗交通不便，地广人稀，荒凉之地也有日本特务活动，情况比较复杂。"

当时阿拉善旗的达王达理札雅住在兰州，齐长庆和达王在北平时就认识，见面后，达王十分高兴，表示欢迎蒙防去阿拉善旗，而且还允诺："我的王府房屋宽大，可以借作新址，生产生物制品没有问题。"达王好似有什么隐忧，略一沉吟，他对齐长庆说："此事还须先与宁夏主席马鸿逵联系，取得他的认可。"

当时阿拉善旗隶属宁夏省，宁夏省主席为马鸿逵。齐长庆首先函托宁夏兽疫防治所孟培元主任，请其在马主席处做说客。1939年初，齐长庆赴宁夏与各方联系，并由孟培元陪同，去见马鸿逵主席。

马主席首先表示欢迎蒙防来宁夏，之后突然话锋一转，当场邀约齐长庆去给他当省卫生处处长，这完全打乱了齐长庆的设想，也和他来此地的初衷背道而驰，这就好比是断了弦儿的琵琶——没法谈了。阿拉善旗设处之事自然是没法谈了，齐长庆感觉马鸿逵表面热络，言语间却有控制蒙防的企图，内心不快，旋即告辞而出。

宁夏当时的政治环境不佳，马鸿逵不喜外部势力进入自己的地盘，统治又极为严苛。齐长庆见过马鸿逵之后，认为即便移至宁夏，蒙防的工作也会遇到很多阻力，于是彻底否决了这个选项。

1939年2月27日，宁夏省主席马鸿逵给重庆国民政府行政院呈A字号急电称：

"宁夏自去冬迄今干旱，瘟疫流行，人民患白喉疹疹，因而死亡者为数甚巨，尤以孩童夭折最多，现时届春令，必更猖狂，本省僻处西陲，卫生设备全无，医药尤不齐全，虽蒙西北防疫处派潘技正来宁协助治疗，但以一二人力量收效甚微，查蒙绥防疫处仍在兰州，现无工作，拟请饬该处全部人员及药品即日移宁，以资治疗患者防备瘟疫，以重民命而固邦基。"

时任国民政府行政院院长的孔祥熙很快批复了马鸿逵的请求，于是卫生署强令蒙防迁移宁夏。恰在此时，蒙古卫生院也撤至兰州，院长桑沛恩表示愿意移往宁夏，齐长庆即电卫生署，建议将蒙古卫生院迁移至宁夏。

齐长庆原计划带领蒙防，大量制造血清、抗毒素等制品，满足各地军民的需求，这样既可以减少进口制品，节约外汇，又可以获得利润继续发展，然而实际状况是蒙防根本没有地方搞生产。如何才能破解这种进退维谷的局面？齐长庆想到了军政部马政司，这或许是一个破局之策。

齐长庆联系到军政部马政司科长张俊一，研究探讨是否能在部队成立防疫所，主要生产破伤风抗毒素，供部队使用。马政司立即表示同意，并邀请齐长庆去重庆面谈具体事宜。

1939 年 5 月下旬，齐长庆到达重庆，正好赶上日军对重庆进行野蛮的大轰炸，重庆局势也极为险恶。齐长庆先到卫生署汇报工作，汇报完毕，他向卫生署请辞，不料署长颜福庆未予允准。卫生署要求他与派到西北的卫生专员龙伯坚进行接洽，解决生产事宜。齐长庆意欲脱身去军政部马政司成立防疫所，生产破伤风抗毒素之事再次搁浅。

龙专员是齐长庆的旧识，他要求齐长庆重返西安设处。原来西北卫生专员龙伯坚与陕西防疫处杨鹤龄处长已私下商妥，欲在西安生产血清、抗毒素等制品，而且杨鹤龄已决定在终南山上的一所寺庙内建立机构，他计划由齐长庆主持技术工作，将来产生的利润由蒙防与陕防平均分配，龙伯坚由此决定将蒙防调回西安，他一再叮嘱齐长庆："你立即动身回兰，准备搬家，迁址西安。"

然而时局动荡，各种原因导致齐长庆回程的计划屡次耽搁，直到 7 月，他才辗转回到兰州。正筹备迁址时，却接到龙伯坚专员来信，告知齐长庆，他已抵西安，因杨鹤龄途中遭遇车祸，已住院治疗，待杨处长伤愈后，即可实现蒙防调陕之事。事情跌宕迁延至 12 月，半年已过，蒙防调陕之事依然杳无音信。

抗战的这些年里，蒙防虽未停办，一直在坚持兽疫防治工作，但流离失所，疲于奔命，特别是迁至兰州，齐长庆原想依靠西防，恢复生产，谁料愿望落空，他一再努力想改变现状，但终究无法实现生产计划。

梦断香港

此时，陈宗贤已由美国回国，因内政部已派汤飞凡任中央防疫处处长，遂改派陈宗贤任中央卫生实验院院长。

广州失陷后，香港成为国外物资输入中国的重要港口。大量的抗战物资，由香港从陆路转运内地。1939 年，刘瑞恒受国民政府委派，在香港成立了协和药品公司，生产制造各种药品，运回内地支援抗战。陈宗贤已同意与卸任卫生署署长的刘瑞恒合作，筹划在香港成立血清厂，他两人共同邀请擅长于生产血清制品的齐长庆去香港主持血清厂的生产和技术工作。

齐长庆作为蒙绥防疫处处长，既没有地方生产抗日军民急需的制品，又无法摆脱上司的羁束，借此机会，他向重庆卫生署坚决请辞，经一再申请，始获允准，此时他又接到龙专员来电，允准蒙防迁至西安，但齐长庆去意已决，准备前往香港，正在昆明等待乘机启行。蒙防档案、人

齐长庆证件照，1940 年摄于香港

员和设备，齐长庆已转交西北防疫处处长杨永年，蒙防处长一职也由杨永年一并兼任。

1940 年 1 月，齐长庆带着他的外甥、原中央防疫处技术人员佟文清到达香港九龙。齐长庆受聘于香港协和药品公司血清厂作技师。公司经理由刘瑞恒担任，厂长为陈宗贤，齐长庆主管技术和生产工作。

毕业于伦敦皇家大学药学系的药学专家孟目的，带着几个学生，也来到香港，他被香港协和药品公司聘任为制药厂厂长。齐长庆和孟目的，一个专注于中国生物制品事业，一个致力于中国药学事业，同样具有爱国情怀的两个人，为了共同的抗日目的，千里迢迢，聚首香港，一见如故，遂成挚友。

香港虽说是一处繁华之地，然而论生物制品的生产条件，依然异常艰苦，为了共同的目标，大家齐心协力，完成了基建工作，筹备了设备，很快，血清厂成功生产出菌苗、血清和破伤风抗毒素，这些都是内地抗战军民急需的物资。香港协和药品公司将这些制品，通过香港航运界的华人打通的香港海上交通线，源源不断地运回内地，积极支援抗战。

1941 年 8 月，西北防疫处处长杨永年因公务来到香港，他告诉齐长庆此行目的是采办一些设备。齐长庆带着杨永年参观了自己主持的香港协和药品公司血清厂。

然而好景不长，正当齐长庆全力以赴投入生产之时，太平洋战争爆发。

1941 年 12 月 8 日，日军进攻香港，香港九龙的启德机场遭到狂轰滥炸。日军越过深圳河，进入新界，并于 12 日夜晚，占领整个九龙半岛。就这样，驻港英军不堪一击，仅仅抵抗了 18 天，港督杨慕琦于 12 月 25

日投降，日寇占领了香港，香港从英国殖民地沦为日本占领区。

1942 年 1 月，日寇端着上刺刀的步枪，冲入香港协和药品公司血清厂，占领了工厂。齐长庆作为公司代表，多次与日军交涉，要求返还被侵占的公司财物，但蛮横无理的日本人，在齐长庆的坚持要求下，最后仅归还了部分药品。齐长庆再次品尝到国破山河碎的滋味，一切又归于原点，残酷的现实，如同噩梦般挥之不去，"科学救国"的理念，在侵略者冰冷的枪炮之下，再一次灰飞烟灭。

1942 年 2 月，在香港已经无法继续生产，齐长庆又得知他在日本学习期间的同学小岛正在寻找他，若久困于此，恐遭日军控制，他立即辞去香港的工作，准备回家。

日军占领香港后，起初严密封锁了香港的交通，后来香港粮食和燃料等供应困难，已经容不下这么多人待在弹丸之地的香港，因而急于将大批中国人驱赶回内地，以此减轻香港的物资压力。乘着交通管制放松的机会，齐长庆随着大批民众，像难民一般，涌入轮渡，离开香港，先经澳门，后到广州，又转道粤汉铁路，再转平汉铁路，一路风尘仆仆，到达北平前门火车站。

返回故里

齐长庆一路颠簸，一路思忖："我要携家眷到内地去做些抗日的工作！"然而，当满怀希望的齐长庆刚跨进家门，和家人团聚的喜悦还未散尽，日本人携刀带枪硬闯了进来，对齐长庆进行检查和盘问。齐长庆试图带家人离开北平，也遭到日本人野蛮阻挠，他的一举一动还被监视了起来。

此时，日本人通过一系列机构和组织，将北平严密控制起来。北平设有日本警备队、宪兵队本部、警察总署、陆军特务机关、兴亚院华北联络部、北支事情调查处等机构。城郊分驻有众多日军官署。在北平城内外设自治事务区和分区（后改为区公所），各街巷设公益会（后改组为坊），作为基层行政机构。

常年在外忙碌的齐长庆，与家人聚少离多，这次返回家中，见到已从绥远回到北平的三子齐续曜，这才得知白旭贞和小女儿还在她归绥的娘家，于是马上拍电报，让他们母女回家团圆，此时的他，决意把全家人聚拢在一块儿，他要亲自带领一家老小，抱团儿一起度过日寇占领下的艰难岁月。

日伪方面多次托人做说客，劝导引诱齐长庆就任伪职。怀有强烈民族气节的齐长庆抱定："你纵有千万条计，我自有一定之规，我不能直接为抗日出力，我也绝不给日本侵略者工作，绝不被汪伪政府利用。"

面对日伪频繁的纠缠，他俱托病推辞，就这样一直赋闲在家，后来，受邀到庞敦敏的私人微生物研究所工作，做些乳酸杆菌、真菌研究，也生产一些"天坛株"天花疫苗，用于民间防疫。

齐长庆的大哥失踪后，他包揽了大哥一家人的生活。日寇占领北平后，控制了粮食，他们提供给中国老百姓的是花生皮、豆类皮等混合在一起的混合面和牙碜得难以下咽的黑豆面。就是这些难吃而又不好消化的东西，也需要排队购买，而这些难以排泄的食物往往让人便血。齐家人偶尔在王大人胡同买到玉米面，蒸了香喷喷的窝头，齐长庆总会打发自己的孩子将窝头送到大嫂屋里去，他竭力想使大哥的家人在艰难环境中安稳度日。大哥的二女儿出嫁鲍家时，齐长庆作为娘家人，亲自为她筹办了嫁妆。

大嫂常年郁郁寡欢又多有疾病，一直由其长女悉心伺候。1943 年，大嫂带着大哥失踪的遗憾离世。齐长庆为大嫂筹办了隆重的葬礼。次年，一直伺候大嫂，终生未嫁，年仅 43 岁的大嫂长女，也因患肺结核病去世。齐长庆心痛不已，为生性娴静沉稳、孝道仁义，只小他五岁的晚辈侄女，也举办了隆重的葬礼。

孩子们为失去大姐悲伤不已，以往他们闯祸后，都是在大姐的庇护下逃脱被数落和惩罚。孩子们都知道父亲敬重大姐，只要是大姐出面干涉，父亲就不再找他们的碴儿。当时在北平城里，讨饭的乞丐很多，为大姐办理丧事期间，有的讨饭花子，不请自来，硬闯入齐家，趴在地上不停地磕头，希望能讨得丧家一口饭吃："您修好吧，老爷、太太，您赏口剩饭吃。"

遇到这种不速之客，孩子们都紧张地瞧着父亲。父亲吩咐他们："去，拿些吃的。"孩子们瞅见父亲又从兜里掏出一些钱来，一并交与乞讨者。在日寇对粮食的严苛控制下，饥饿的人比比皆是，齐长庆认为，他和他们在精神上的境遇是相同的。

二位亲人相继离世，齐长庆比以往更加沉默。有时候，天空飘起小雨，兴奋的孩子们，跑去拿出躺柜中的"高底鞋"，穿在脚上，在院里"啪嗒、啪嗒"地踩水玩，齐长庆会不错眼珠地盯着孩子们瞧，脸色凝重，大家谁也不知道父亲在想什么。

齐家四合院里，还住着些拖家带口的亲戚朋友。孩子们经常一起玩跳房子、欻子、挖坑、弹球、跳绳、捉迷藏的游戏。院里好些孩子，虽说辈分不同，年龄却是相仿，大家特别喜欢玩捉迷藏的游戏，一玩起来，就不论辈分了，一闹意见，就又论辈分了。

满族人的称呼有点特别，比方说，女性长辈的称呼男性化，她的下一辈会称她"爸爸"，孙辈称她"爷爷"。齐长庆的小女儿小恪年龄虽小，可在院里，有的孩子得称她"小爷爷"。齐鲁是齐长庆的侄子齐续哲的大儿子，他得管比他小三岁的小恪叫"姑爸"。

有一回，齐鲁和几个差不多大的小孩子一起玩捉迷藏，他藏进据说有狐仙出没的后罩房，在散发着霉味的三脚架上，他瞧见一个卷轴，卷轴中间已经霉变开裂，露出的绢绫，已经变色，隐约可读出："……成瑞……赐……赏……加披……领……正四品夫人衔……恩……"字迹上还有赭红色印泥的痕迹。齐鲁对这个卷轴很好奇，他不太敢询问五爷爷齐长庆，因为敏感的孩子也觉察到在沦陷区的五爷爷的心情不是很好。

然而好奇心很折磨人，齐鲁乘着有一天和五爷爷单独在一块儿的机会，鼓足勇气，请教那卷轴究竟是什么？五爷爷很诧异，他没想到小小年纪的齐鲁会对此事上心，他胡噜几下齐鲁昂着的小脑袋瓜，说："按说后罩房供案上摆放的都是有关家史的重要文书和物件，都是咱们祖上传承下来的，原先一直是要定期检查整理和妥善保管的，但时代变迁，战乱频频，疏于管理，我没想到，你会注意到那个卷轴，那是封赐你老祖儿成瑞的《圣旨》，还有他退休后照领全俸的《圣旨》。"这次对话好似另一个故事的引言，时光转瞬即逝，沧桑岁月改变了很多事情，却一直没有改变一个孙辈的好奇心，最终，长房长子长孙的齐鲁主持重修了毁失的齐家家谱。

一日，齐长庆唤来刚读高中的二儿子齐续晖："陪着你大嫂去趟重庆，找你续哲大哥吧。"二儿子被父亲这句突如其来的话给弄糊涂了，连忙问道："那我的学业怎么办？"父亲抬起头，看看四合院外空旷的天空，

齐续哲和母亲（齐长庆的大嫂来氏）合影，1934 年摄于北平家中

齐续哲全家合影（左起：齐名、金希贞、齐备、齐续哲、齐鲁），20世纪50年代摄于南京

齐续晖，20世纪50年代初摄于拉萨

继续说道："去了之后，跟着你大哥，一块儿抗日吧！"

　　齐续哲是齐长庆大哥的儿子，他以叔父为榜样，以优异的成绩考入北平大学医学院。齐长庆在欣喜之余，为侄子筹备了学费。侄子每遇困惑之事，总请教叔父："五爹，我应该学什么专业？"齐长庆说："学习眼科吧！"于是眼科便成了侄子终身的道路和方向。1933年齐续哲获得医学学士学位后，又进入北平协和医学院继续深造，抗日战争爆发后，他加入了抗日的队伍，在抗战前线为将士们治疗眼伤。

由于无法直接去重庆，二儿子续晖陪着他的大嫂金希贞，先来到上海。国难当头，作为爱新觉罗家的一员，金希贞也想去照顾抗日的丈夫齐续哲。（金希贞的外祖母是道光帝的第六女寿恩固伦公主，其父为刑部左侍郎爱新觉罗·文良，曾主审过晚清四大奇案之一的"春阿氏谋害亲夫案"。）然而交通混乱不堪，两人根本找不到前往西南后方的途径，不得不打道回府。

没过多久，父亲又执意让二儿子续晖独自去后方继续寻找大哥一起抗日，于是续晖再次从北平出发，途经山西太原、孝义到达西安，举目无亲的他住进第二骡马收购站，恰好碰到来此办事的父亲的旧识陆军兽医学校总务处长罗祚威。罗祚威得知前因后果之后，便带齐续晖去了重庆，历经千辛万苦的他终于在重庆中央大学医学院找到了大哥齐续哲。多年后，二儿子续晖加入了中国人民解放军第二野战军第五兵团第十八军，他作为一名先遣支队的指战员，曾参与和平解放西藏的行动。

齐长庆苦于困守家中，粗心的他从未觉察到，就在他的身边，有一支共产党的小队伍。三儿子齐续曜好交朋友，他有一个高中同学，叫王维耕。王维耕高中毕业后，进了一所电子发报的通信学校，其实这个学校是国民党军统办的，那里的教职人员，穿着军装，带着手枪，学员进出学校都要进行检查。王维耕的真实身份是共产党员。齐续曜还有两个朋友，李肇雄和潘广德，他们都是中共党员。这三人作为齐续曜的朋友，都住进了齐家四合院里，由于他们手头都不宽裕，齐家人免费让他们吃住。王维耕他们以此地为据点，开展活动，为了避免给朋友家带来危险，他们都十分小心谨慎。

点滴家事

母亲过世后，齐长庆把家中事务交由夫人赵惠臣操持。因家里不断添丁加口，为了减轻夫人的负担，齐长庆为孩子们雇了保姆，家中也请了做饭的师傅。

齐长庆的孩子们属"续"字辈，在每个儿子名字当中，他添入"日"字旁，在女儿的名字中，他加入"心"字旁。这些文字既是他的价值观的隐喻，也包含着他对下一代的热切期许，他希望他们能够怀有仁爱之心，像太阳一样蓬勃向上。

孩子们眼里的父亲含蓄、严肃，但父亲有时又会出人意料地给他们买玩具。有一次，父亲居然抱回家一只皮制大老虎给他们玩。孩子们渐渐长大，到了念书的年纪，养育他们就不似先前那么简单。经朋友介绍，齐长庆了解到熊希龄创办的位于香山静宜园的香山慈幼院，名气颇大，该院的师资质量和教育设备均属一流。慈幼院不仅免费招收贫苦孩子，也招收自费的孩子去上学，收费的学生每月三块大洋，学生在慈幼院里可以学习、吃饭、住宿，还有专人负责看护他们，通常学生每年冬、夏时节，可回家一次。随后，齐长庆将几个儿子陆续送入慈幼院寄宿学习。

齐长庆的三哥擅长做生意，起先他做马匹生意，后来他成立了自己的营造厂，经营房屋修缮和建筑材料等买卖，他还承揽了不少达官显贵交办的差事，由此置办了很多产业。齐长庆在薪资优厚时，在三哥的教导下，未雨绸缪，也开始投资，在北平置办了两百多间房产，投资了近万元的股票，还投资了温度计厂和木材厂。他做这些投资，为的是防范

三哥齐长寿，20世纪50年代摄于北京

　　在动荡岁月里，自己的众多家人无法生存，也正因为这些预防措施，他的家人才可以依赖房租和积蓄为生。

　　日本人占领北平后，齐家岁数小的孩子，每天要出大二条胡同口，往西朝着安定门内大街的方向，走着去上学。在胡同口附近，有一家高台阶的大户，里面住着一家日本人，他们的孩子，在齐家孩子们上学时，故意放出大狼狗。狂吠的大狼狗，堵住了胡同口，短粗结实的日本孩子嘻嘻哈哈，笑个不停。齐家小孩只好放弃近道，朝东走，路过外国人开办的道济医院，绕一大圈儿，费时费力去上学。

　　在小学里，孩子们必须学日语，见到日本老师要深鞠躬，还要用日语问候他："森噻，偶哈吆鼓达一麻丝。"孩子们私底下改了词儿："孙子，我哈腰滚你妈的蛋。"日本人原想驯服中国小孩，让他们从小就接受日化教育，哪料到他们的强制手段，在中国孩童的心里，激起的是深深的厌恶和抵抗的情绪。

食物匮乏的日子里，孩子们的快乐总和吃食有着难分难舍的联系。27号院里，弥漫着孩子们香甜的记忆，春日里，紫藤葳蕤，暗香浮动，女孩子们会采摘藤萝花，制作香甜软滑的藤萝饼。

四合院最深处的后罩房，无人居住，花草丛生，小女儿经常独自一人跑来玩耍，这里还有一棵一人高、有点像小蒙古包的迎春树。有一天，她突然瞧见树丛里跑出来一只咕咕叫的大母鸡，好奇的她撩开低垂厚实的枝条，发现里面有一堆儿鸡蛋，连忙兴奋地跑去报告母亲这个天大的好消息，大家因此改善了一顿伙食。

有时候，孩子们也上街，拿着父亲给的零钱，在摊上买点便宜的半空儿（挑剩下的不好的花生），在吃不饱的时候，这些半空儿都是他们弥足珍贵的宝贝。

在整个四合院里，还散种着各种树木，有梨树、枣树、桑树等。这些树木，满足了儿女们爬树、吃果的乐趣。父亲怕孩子们有危险，便立了一条规矩："不许上房！"

孩子们敬畏严肃的父亲，可不上房，树枝上让人垂涎欲滴的果实怎么能摘到呢？一天，小女儿跟着哥哥们，违反禁令，爬梯上房。在房上，大家边采桑葚边往嘴巴里塞，这是事先合计好的妙招，这样没人知道他们上过房。

正吃在兴头上，忽然瞧见父亲正由远及近，朝这边走来，慌了神的孩子们乱作一团，急忙顺梯下房，哥哥们手脚利索，绝尘而去，独独撇下了刚刚撅着屁股好不容易爬下梯子的妹妹，她和父亲不期而遇，还撞了个满怀，慌忙辩解道："我可没上房！"父亲无话，掏出手帕，擦了擦她嘴角上的紫色汁液，然后板着脸，又继续前行。

父亲还立了一条规矩："不许去窑坑游泳！"四儿子齐续昀身子骨儿特别结实，而且胆量过人，他经常去窑坑游泳。有的窑坑有十米之深，父亲怕他出现意外，极力阻止他去游泳，可续昀还是瞒着大人，自己偷偷去，每次他在窑坑游完泳，晾干了才回家。

父亲发现后，非常生气，后来他采用一个方法来检查儿子，挠他的腿，发现有白道印迹时，就证明他又游泳了，检查的后果是四儿子必定会受到惩罚。精力旺盛的儿子不明白为什么父亲总跟自己过不去，而齐长庆又不喜多言，他的沉默换来了儿子的断言："父亲不待见我！"

七儿子小昆出生以后，命运多舛，灾难经常毫无征兆地发生在他身上。七儿子原本还有一个双胞胎的兄弟，他们由一位叫孟妈的保姆看护，也不知怎地，突然有一晚，房子塌落，三人全部被埋，七儿子侥幸生还，而孟妈和另一个孩子当场殒命。七儿子冬季烤火，烧着了身上的衣物，扑灭后肚皮上留下了可怕的疙疤。家里院落里，有一口存放水的大肚子水缸。一日，猛然有人瞅见，七儿子整个人，头冲下，落入大水缸内，两条腿正在缸外拼命乱蹬，家人急忙冲上前去，一把将其拽出，幸亏施救及时，才得幸免于难。

齐长庆得知学校教员经常喊七儿子的妹妹把哥哥领回家去，便与校方联系，被告知七儿子在校读书非常吃力，学校希望他还是回家为好。作为父亲，七儿子的状况令他内心很不好受，或许和他年幼被砸有关，他特别叮嘱家人多加照看这个命运多舛的儿子。冬日的一天，家人发现七儿子的褥子被冻成了大冰坨子，原来这孩子还有尿床的毛病，长辈们心疼不已，急忙给他拆洗棉衣、棉裤，重新做褥子，还每天提醒他晚上注意起夜，白天按时晒被褥，以免落下病根。

痴心不改

1942 年，夫人白旭贞 16 岁的侄子白正仪，独自从原归绥（日寇改名为厚和浩特）初次来到北平。白正仪辗转找到北城大二条齐家，看望姑父和姑母。齐长庆带着白正仪参观故宫、北海公园、南池子、庞敦敏微生物研究所等地，甚至还带着他去看了一场循环放映的电影。

齐长庆向白正仪询问原蒙绥防疫处的情况，当时该处已更名为"蒙疆家畜防疫处"。白正仪看得出，虽在逆境中退居林下，姑父还是忧国忧民，依旧对他原来辛勤创立的事业，以及绥远故地，念念不忘。

侄子白正仪正是白旭贞的表嫂胡毓绵的儿子。白旭贞结婚后，表嫂经常带着儿子白正仪去看望她。1938 年，表嫂患上了肺结核，撒手而去，留下了孤苦的儿子白正仪。白正仪有过两个妹妹，她们在幼年时皆因病故去，而他的父亲在七七事变后弃政从商，因战乱及交通不便，再也没有回过绥远老家，白正仪仅在幼年时见过父亲两三次，后来就失掉了联系。因白正仪自幼得不到父爱，母亲又故去，白旭贞对侄子倍加疼爱，而齐长庆也对他关爱有加。白正仪从姑母处得到了失去的母爱，他对慈父般的姑父则充满了敬仰之情。家人因病而亡的痛苦经历，使白正仪立志从事医药行业，而自幼崇拜姑父的他，在姑父的引导下，选择学习生物制药专业。

姑父在绥远时，就曾带着白正仪去蒙绥防疫处参观。白正仪还记得看到过由姑母白旭贞保管的两册黄色纸页、文字直写的《陆军兽医学校同学录》，一册是正科班，另一册是速成班，正科班里有齐长庆、龚懋熙等，速成班里有吴宗周、关尚珍等人。日本政府当时只承认陆军兽医学校的正科班为大学学历，而不承认速成班为大学学历。

1944年冬，蒙疆中央医学院卫生防疫专业班组织师生到北平、东北有关单位参观见习，白正仪随此班来到北平，他借机又去探望了姑父、姑母。齐长庆仍旧带他去南池子参观了庞敦敏微生物研究所。

白正仪在原蒙防所在地的"蒙疆家畜防疫处"学习、实习过，齐长庆向他详细了解那里研制生物制品的情况，除了解"蒙疆家畜防疫处"本部各科室的实验情况外，还特别详细地询问了设在新城南门里和南门外，位于桥靠村的两处生物制药厂的设备、设施、科研、生产、技术人员构成等情况，事后，他还嘱咐白正仪写下详细的文字资料。齐长庆对这些资料很珍视，他想了解"蒙疆家畜防疫处"的科研和生产究竟发展到了何种程度。

日本人占领蒙绥防疫处之后，虽然截回、逼迫处内技术人员继续留任，为他们干活，但是他们并不信任这些中国人，也排挤中国人，逐渐用自己的人员取代了中国人，最后这些原蒙防的技术人员也陆续离开了日本人控制的"蒙疆家畜防疫处"，各奔东西。

1945年春末，白正仪奉命到西直门的北平农业科学院出差，去索取几种微生物和毒种，因需要等待病毒分离时机等技术原因，在此停留时间较长。

19岁的白正仪还清晰地记得，他给姑父讲述日本技术人员技佐中西恭生主持细菌免疫室工作，该室保存传代复壮鼠疫、霍乱、伤寒、炭疽等菌种，还保存天花、狂犬病等病毒种，当时设备简陋，日籍技佐怕被感染，工作极为消极。

那时，齐长庆已经意识到日寇占领的日子不会太久了，他叮嘱白正仪要注意联合中国籍技术人员，保护"蒙疆家畜防疫处"的设施、设备，防止日本人失败后狗急跳墙，破坏那里的科研和生产设施。

日本投降

1945 年 7 月，齐长庆开始到北平大学农学院作讲师，教授细菌学，拿些钟点费。闲暇之余，齐长庆一边饶有兴趣地亲自下厨，为孩子们做羊双肠，一边密切关注时局的细微变化，时刻准备着，也盼望着即将到来的巨变。

1945 年 8 月 15 日，齐长庆和孩子们在家里收听无线电广播，广播里宣读了日本天皇的诏书，宣布日本无条件投降。听到日本投降的消息，孩子们立马起身，前后院奔走相告，胜利的消息传遍了整个院落。顿时，四合院里，无论是大人还是孩子，都忘情地跳了起来，欢呼着："日本人投降了！日本人投降了！"

当日，齐长庆取出藏在樟脑箱中的白面，全家人一起吃了顿散发着浓郁樟脑味的饺子，庆祝抗战胜利。齐长庆清醒地意识到，中国历史即将翻开新的篇章。

随后，平日里耀武扬威的日本人，开始变卖家财，什么锅碗碟盆和家具都减价出售，准备筹钱尽快离开中国返回日本。那些平日欺辱人的日本孩子也躲躲闪闪，没了往日的威风。齐家的孩子们终于可以抬头挺胸，走过那户日本人家，抄近道去上学了。

1945 年 8 月 16 日，国民党政府任命熊斌为华北宣抚使兼北平市长。9 月中旬，国民党机关派出的接收人员陆续抵达北平。

1945 年 9 月，中央防疫实验处（原中央防疫处）处长汤飞凡请齐长庆帮助接收"日军华北防疫处"，此地原为中央防疫处天坛神乐署旧址，接收时，这里已经遭到日本人的破坏，文件和器材俱毁。10 月，齐长庆在天坛开始帮助中央防疫实验处制造"天坛株"天花疫苗。1946 年，在昆明的中央防疫实验处，回迁北平旧址。

1945 年 11 月，南京政府军政部马政司，派上校兽医科长杨同椿，来北平接收敌产，他约同学齐长庆见面，并转达："陆军兽医学校校长杨守绅要将学校从贵州安顺搬回北平，他让我捎句话，他想请你去当上校教官，也请你先帮我接收一下'日军华北军兽医防疫处'。"

1939 年杨守绅被军政部委派为军马防疫所所长，后又调任陆军兽医学校代理校长之职。因为这是同学加好友杨守绅的请托私嘱，齐长庆没有犹豫，答应了此事。穿着便服的他以上校雇员的名义，带着姬广斌和其他几个同是陆军兽医学校毕业的同学，及杨同椿派来的一名财务人员和一名副官，前往北平丰台，接收了"日军华北军兽医防疫处"。接收后，齐长庆主要负责管理技术工作，以及确保药品、器械、设备完好无损。齐长庆在此地的工作完全就是回应同学的帮忙之托，所以也未曾领取过报酬。

1946 年，对于中国人来说，这是弥足珍贵而又焕然一新的一年。1 月 10 日，齐家人按照风俗，特地腌制了腊八蒜，今年大家的内心是欢快的，赶走了日本人，压抑的心情舒缓了，日子也松快了，孩子们又在院里开始唱歌谣了："二十三，糖瓜粘；二十四，扫房日；二十五，糊窗户；二十六，炖锅肉；二十七，宰只鸡；二十八，把面发；二十九，蒸馒头；

三十晚上熬一宿；大年初一扭一扭；初二初三拜亲友，亲友拜，小孩叩头不起来。"

2月1日，除夕日，齐家按照惯例开始祭祖。跨院的一个房间是祭祖的祠堂，正面的墙上，在两个长方形的瓷面上，烧制有齐长庆父母的影像。供桌上摆放着五层蜜供、芙蓉糕、萨其马、月饼、什锦果脯、橘子、苹果等，还特意点燃了一对白色蜡烛和三支檀香，全家人按照长幼次序，叩首祭拜，纪念逝去的亲人，祈求他们佑护后代平安健康。

过年期间，家里尽其可能准备了很多吃食，有素咸什、炖肉、炒酱瓜丁、酥鱼、鱼冻、芥末墩、炒胡萝卜酱、爆羊肉、熬炉肉（丸子、粉条、白菜）……

1946年2月，军马防疫所从贵州扎佐搬到了北平丰台。杨同椿将接收的"日本华北军兽医防疫处"转交给军马防疫所的负责人朱建章、赵桐樑等人，除齐长庆外，其他参与接收的人员均留用于此。后来，齐长庆听说杨同椿贪污了大量接收费，为自己购置了房屋，还开起了布店。

1946年3月，军政部马政司的副司长刘荣黻负责东北的接收工作，他是齐长庆的同学。刘荣黻邀请齐长庆帮助他接收伪满大陆科学院马疫研究所，该所位于长春，当时极负盛名。

他俩一到长春，立即赶到马疫研究所，仔细参观和考察了整整两天。齐长庆惊叹于该所展示出的强大实力，他发现日本人曾经投入了巨大的人力、物力及财力建设这座马疫研究所，这种投入，是国民党政府无法企及的。

马疫研究所占地广、面积大，建筑布局非常合理，设备齐全，实验室集成了欧美实验室的优点，使用机械设备进行消毒和生产溴氧等，精密仪器不少，总体印象是物资丰富，人员齐备。但是，启动这个研究所，需要有巨额的运营费用，可是刘荣黻没有任何经费来源，于是齐长庆告诉刘荣黻："若有经费，我立即就可以开展研究工作；若无经费，此所难以为继，还是放弃接收为好。"最终，刘荣黻决定放弃接收伪满大陆科学院马疫研究所。

途经沈阳，齐长庆决定顺道去看看接收后的"南满兽医研究所"，不料，这里的房屋已拆，机械物资俱已失散，尚有较为完整的图书被遗弃于残垣断壁之中，其中不少珍品图书，如巴斯德研究所的全部资料。齐长庆立即多方联系接洽，最后将这批约两火车皮的图书，运回了北平，交给军马防疫处（新中国成立后的陆军第八所）。

第六章

西北任职

一个烂摊子

返回北平后，齐长庆仍然帮助庞敦敏和中央防疫实验处的汤飞凡制造"天坛株"天花疫苗。1946 年 5 月间，齐长庆接到陆军兽医学校校长杨守绅的信函，信中提及学校将委派齐长庆担任一等兽医正教官，教授细菌学，请他即刻前往贵州安顺就职。当时，齐长庆在北平尚有一些其他人委托的公事还未完结，同时去贵州赴职前，尚需安排好家中事务且又逢暑假，迁延至 9 月，他才启程。

齐长庆还想趁此趟远行，先去南京看看侄子齐续哲一家人，顺便拜访那里的旧识故友。抵达南京后，齐续哲将叔父接回家中，久别重逢的叔侄两人聊兴甚浓。此时的齐续哲已经是南京国立中央大学医学院的眼科教授，他在眼科方面颇有建树。温柔敦厚的齐续哲，在绵绵话语里，向叔父倾诉："我做沙眼的病原及防治研究，用喹啉治疗沙眼，还进行眼外伤、角膜移植研究……"侄子的讲述，激发了齐长庆对他更大的期许。

此时，重庆国民政府已还都南京，卫生署也随之迁至南京。齐长庆拜访了时任国民政府行政院善后救济总署卫生委员会主任刘瑞恒和卫生署署长金宝善，并告诉他们自己将要去贵州安顺的陆军兽医学校赴任教官一职，他们听后，均建议和极力劝说齐长庆应该回归医学界。

刘瑞恒负责全国战后各地卫生机构、医院、医学校的恢复工作，他语重心长地劝导齐长庆："你是属竹字头的官（管），而非草字头的官（菅），应当回归老本行，方为正途。"

齐续哲（左一）与齐长庆（左三）及家人合影，摄于南京

　　卫生署署长金宝善素与刘瑞恒关系密切，他则直截了当地对齐长庆说："卫生署将派你去兰州当厂长。"

　　齐长庆又听其他朋友讲国民党规定上校 48 岁退役，当时他已年届五十，因此推测陆军兽医学校的上级部门未必能批准他入职军校。

　　金宝善指示齐长庆先到上海和杨永年接洽，由卫生署中央生物化学制药实验处派他作简任技师，兼西北生物学制品实验厂厂长。

　　1946 年 10 月，齐长庆听从刘、金二人的劝导，未赴贵州，改道上海，见到了两位旧友，中央生物化学制药实验处处长杨永年和副处长孟目的。

三人相聚，唏嘘感慨之际，孟目的告诉齐长庆，自香港一别，他先是去重庆创办了协和制药厂，抗战胜利后，他被派到上海接收日伪药厂，中央生物化学制药实验处成立之后，便来此就职，他还兼职教授，每个礼拜去南京国立药学专科学校授课。

1946 年 10 月，齐长庆乘坐军用飞机抵达兰州。他未曾料到自己接手的原来是一个烂摊子！

西北生物学制品实验厂是西北防疫处与西北制药厂合并成立的。1946 年 1 月，西北防疫处奉令改组为卫生部中央生物化学制药实验处西北生物学制品实验厂。齐长庆接任前由李永昌（李希珍）医师代理处务，由他拆阅来文，代为签发公文。原西北防疫处的经费靠政府拨给，合并后的该厂，经费无着落，除了少数职工由中央生物化学制药实验处支薪以外，一切开支均需自给自足。

时逢抗战胜利，西北防疫处处长杨永年，调上海成立中央生物化学制药实验处，原属西北防疫处与西北制药厂的大部分技术人员，或东下宁、沪，或北上东北，参加各地的接收工作，西北防疫处人员和实力急剧下降，技术人员几乎丧失殆尽。其附属的平凉制造所早已经售出，成都制造所转让给四川卫生厅，位于兰州小西湖硷沟沿的兰州牧场，已作价转让给西北畜牧兽医学院，制药厂和铁工部等也已停办，玻璃厂已出租官僚私营，西安、成都、重庆三地的售品办事处已经入不敷出，他们在靠出售存药、器械甚至家具维持开支。厂里的大量房产、设备已被出售，原有资产也已所剩无几，那个曾经制品销往苏、黔、鄂、川、甘、陕、豫、皖、绥、晋、宁、青、新等地区的辉煌灿烂的西北防疫处，已今非昔比，处境窘迫，已成残局。

祸不单行的是，因时局动荡，物价波动剧烈，导致制品成本高于售

西北防疫处检定科

价。作为企业化管理的西北生物学制品实验厂，举步维艰、困难重重，有订货时才有收入，这里的人员常常无薪可支。

独辟蹊径

面对严峻的形势，为维持人员的基本生活，齐长庆决定立即进行整顿：

首先，禁止厂内人员再靠卖家底过日子。

其次，他指出生存靠生产，并补充了技术人员，同时对进厂参加工作时间不长的人员，组织进行技术训练。

西北防疫处工作人员合影，摄于兰州

接着通过协商将设在厂内的不属于西北生物学制品实验厂的卫生实验院西北分院迁出，将药厂拨发给该分院使用。

齐长庆又亲赴西安、重庆、成都，结束三地的售品办事处，同时裁减当地自愿离职人员。厂内兼职人员，以及已离去但未注销的原人员，一律裁减。

整顿后的西北生物学制品实验厂，全部在册人员共30名：

齐长庆（简任技师、厂长）、张曾鑫（技师）、张慧卿（制造科长）、应锡洪（技术科长）、李清泉（技术员）、杨蕴玉（技术员）、王永尧（技术员）、康得玉（技术员）、李腾（事务员）、王希仁（事务员）、杨永庆（事务员）、王曰慎（事务员）、魏永馨（事务员）、阎文光（事务员）、张克元（助理员）、何天德（助理员）、侯硕德（技术生）、卫兴善（技术生）、李福庆（雇员）、解志文（雇员）、马伟（会计主任）、王世恒（会计佐理员）、王兴泰（会计佐理员）、彭应天（人事管理员）、白龙海（第八库主任）、朱映新（药剂员）、王守中（第九库主任）、贺子清（药剂员）、孙建琳（第十一库主任）、吴占熊（药剂员）。

内部组织分为技术科、制造科、业务科、事务科、会计室、人事管理科。

1947年初，就在西北生物学制品实验厂面临无米下锅之时，齐长庆获悉上海有人要订购一批人用破伤风类毒素，而国内无人生产此产品。

破伤风是一种创伤感染性疾病，在战争年代，它的发病率很高，一旦染病，病死率为50%以上。

据齐长庆了解，国外也只是在二战时才开始真正将破伤风类毒素用于人体。他马上赶到上海，签订了生产破伤风类毒素的合同。

经过对破伤风敏感的马匹大量注射类毒素后的细致观察和研究，以及自己在这方面的丰富经验，他随后组织人员，生产出人用破伤风类毒素。

仅凭此一项产品的收入，西北生物学制品实验厂完全可以继续维持运营两至三年。最终，通过整顿、裁员、增加技术人员、生产制品，同时又依靠生产全国独家销售的人用破伤风类毒素，西北生物学制品实验厂顽强地存活了下来。

西北安家

西北的古城兰州，植被覆盖率很低，城内、城外交通都极为不便，城区的交通依靠的是畜力，比如马拉车，这里的人管它叫拉拉车，还有人力车。如遇雨雪天，马路上便会泥泞不堪，行走困难。城里罕见楼房，仅有一座砖木结构的二层楼房，名叫西北大厦。

黄河从兰州穿城而过，连接黄河南北两岸的，是一座德国人牵头修建的铁桥中山桥。河上通行，靠的是羊皮和牛皮筏子。冬季，黄河结冰，人可以在冰面上行走无碍。

兰州是一座瓜果城，瓜果种类繁多，就拿梨来说，有冬果梨、软梨、吊蛋子、苏木梨、苹果梨等等。

兰州过年时，社火热闹极了，除一般跑旱船、舞龙舞狮之外，还有踩高跷、铁信子等民俗娱乐。

1946 年 11 月，齐长庆通过朋友，打听到有一架小型军用飞机要飞抵兰州，于是拍电报让夫人白旭贞带着三个小孩子随机赴兰。

白旭贞抱着八个月大的儿子小春，带着三岁的儿子小昭、十岁的女儿小恪登上了飞往兰州的军机。这架小飞机看起来很简陋，同行的还有一位妇女，她也带着一个小孩。兴高采烈的小昭，先将糖果含在嘴里，然后微微掀开飞机窗户上的橡皮塞子，露出一条缝儿，他把糖果纸顺着这条缝隙推了出去，糖果纸迎风招展，随风飘走。飞机中途停于西安，大家被安置在一座孤零零的旧房子里。当仅有的一根蜡烛化为灰烬，黑夜瞬间吞没了整个房间，那名同行的女子，在迷离夜色中，点燃了一些橘子皮，给大家照亮。

一家四口，终于到达兰州，大家被带进小西湖 1 号实验厂大院里，大院的右手，有一跨院，进入跨院，西边有几间平房，北边有一溜平房，平房间互相连通，仅有两扇供进出的大门。平房里设置了齐长庆的办公室、孩子们的活动室、卧室、卫生间、饭厅和一间厨房，房屋里的设施在当时来说比较完备。

齐长庆很重视孩子的学业，经朋友介绍，他很快安排小女儿小恪到崇德小学上学，他还亲自给女儿挑选了一块小巧的铜制方墨盒，墨盒上镌刻着四个字："自强不息。"

家中还请来了厨师文师傅，他是甘肃天水人。在一次闲聊中，文师傅告诉齐长庆，他的妻子是原先流落在当地的女红军，机缘巧合嫁给了他。文师傅为人忠厚勤恳，家里经济不宽裕，他的妻子和孩子都在天水老家生活，只有他独自一人在兰州挣钱养家。白旭贞就替文师傅准备了一笔钱，让他回天水老家，将家人接到兰州过团圆的日子。

齐长庆和白旭贞给孩子们立了规矩："首先要懂礼貌，见到厂内的工作人员要以长辈称呼，吃穿用度上不能挑肥拣瘦，学习上要认真、刻苦、努力。"

白旭贞平时很注意节俭，孩子们平时常穿的衣服都是大改小，或者是别人穿小了转送来的衣服，只有过年时，会给他们添置新衣服。如果厨师文师傅做了什么比较好的饭菜，白旭贞会去请厂里孤身在兰州工作的河北人安守信和北平人阎求贤来家里一起吃饭，孩子们见到他俩，立马会起身打招呼："安大爷、阎大哥好！"

这年正月十五，白旭贞带着孩子们，坐着平板马车去观灯，返回时马车差一点翻到深沟里，亏得赶车的师傅技术高超，他们才幸免于难。

有一回，白旭贞让女儿小恪去买煮熟的玉米，女儿便向母亲提条件，白旭贞立马回道："甭介，我不用你了，换别人去买。"玉米买回来了，空气里散发着香甜的气息，母亲分玉米时，没有小恪的份，打那以后，她再也不敢跟母亲讨价还价了。

齐长庆喜欢逛公园，闲暇时，他会带着孩子们在兰州各处走走，兰州历史悠久的游览胜地有两处：五泉山和白塔山。

齐长庆还喜欢看武侠小说，有一段时间，一有空，他就捧着多卷本的《三侠剑》没完没了地看，女儿小恪有样学样，也迷恋上这套书。吃饭时，父亲带头，他俩一人一本，卷不离手，白旭贞怒了，前一秒还沉浸在替天行道、扬善除恶的幻想之中的父女俩，后一秒立马丢盔卸甲，乖乖交书。

北平家中突然来信，告知齐长庆："四儿子齐续昀离家参军，不知去向。"齐长庆不由得开始担心，他怕大哥失踪的事情再度重演，他怕儿子参与政治，搅进是非之地，生出无端灾祸，从而吃尽苦头。这几十年，自己历经沧桑人世，尚且还有疏漏，四儿子年轻气盛，怎知前路艰险！隐忧不断扯着他四处拜托熟人打听儿子的下落。后来，北平家中又传来了消息，齐长庆这才得知，儿子参加了国民党孙立人将军的新一军，已远赴台湾。齐长庆给四儿子写信，告诉他自己在兰州的工作地址，儿子也寄来了回信，随信还夹着他的照片。

1947 年，齐长庆想让三儿子齐续曜报考好友孟目的任教的南京药专，三儿子觉得自己水平低，怕考取不了，打了退堂鼓。此时，孟目的担任

齐续昀，1948 年摄于台湾　　　　　　齐续昀，1949 年摄于台湾

上海善后事业保管委员会委员兼制药厂厂长，他就安排齐续曜到上海药品制剂厂当技工，每月薪水 40 元。

齐续曜到工厂后，十分活跃，他特别关心工人的福利问题，他发现吃饭时，厂里的技术行政人员坐着吃饭，而工人要站着吃饭，他就和厂里交涉，提出人人平等。厂里采纳了他的意见，为工人提供了桌椅板凳。很快，他又发现临时工待遇很差，他就联系了七八家厂的工友进行罢工，迫使厂方将几百个临时工全部转正。工人们都很拥戴他，排着队和他握手，感谢他伸张正义。

1947 年底，药厂裁员，三儿子因父亲的缘故，不在裁员名单里，但他看到工友们即将失业没饭吃，就组织大家开会，带着工人抵制厂里裁员，研究对付管理人员和资本家的办法。工厂裁员进行不下去，上海善后事业保管委员会的主任要找警察把齐续曜抓起来，孟目的得信后赶紧

齐续曜，1947 年摄于上海

出面阻拦，他说："我得对齐长庆的儿子负责。"三儿子这才逃过一劫。

1949 年，齐续曜和上海药品制剂厂的"厂花"郭琪英在上海市民主青年联合会结婚。婚后他把美丽的妻子带回了北平。

又遇困难

原本西北生物学制品实验厂生产的人用破伤风类毒素的收入极为可观，国民党政府里有人嗅到有利可图，审计院驻兰州审计处从中作梗，百般刁难实验厂，强行将厂内所余收入全部存入银行，不准挪用。刚稳定一年的西北生物学制品实验厂，随着物价飞涨，又陷入经济窘困之中。

1948 年，有一个月，厂内没钱发放工资，工人张金福为此情绪激动，他和会计马伟，二人言语不和，激烈争吵起来，最后还动起了手。齐长庆马上到兰州中央医院，向好友张查理院长借了一笔钱，发放了工资，稳定了职工的焦虑情绪。

为了杜绝此类事情再次发生，齐长庆和厂内人员共同商议，鉴于物价经常性上涨，金圆券不断贬值，决定今后厂内盈利时，由齐长庆个人顶着雷，冒着触犯法律的风险，派人将金圆券及时兑换成银元和面粉，每月以银元和面粉的形式发放职工工资，工人 8 元，职员 10 元，主任 12 元，厂长 14 元。

1947 年 5 月间，国民政府又将卫生署升格为卫生部，隶属行政院。卫生部长为周诒春，金宝善任政务次长。

1948 年 9 月，国民政府在北平恢复了中央防疫实验处，下设三个分处，改西北生物学制品实验厂为其下设的一个分处，更名为中央防疫实验处兰州分处，同时，西北生物实验厂将技工职员、档册印信，移交中央防疫实验处兰州分处接管。

10月，中央防疫实验处处长汤飞凡，来到兰州接收了该厂，齐长庆继续留任兰州分处处长，由于之前齐长庆多次辗转努力，中央防疫实验处将兰州分处定性为事业单位，企业管理，允诺拨发经费。后来，兰州分处多次向中央防疫实验处呈请发放经费，但一直拖延到1949年6月，才获得下发的经费。

1949年8月，兰州分处设备破旧不堪，生产不足。制品品种仅有破伤风抗毒素、白喉抗毒素、百日咳菌苗、伤寒菌苗、霍乱菌苗、霍乱伤寒副伤寒混合菌苗、狂犬病疫苗、天花疫苗、凝集实验用菌液。因为无地无经费饲养马匹，血清制品早已无法生产。

万幸的是，当时还有制品能够出售，每年可售出霍乱菌苗、伤寒菌苗、霍乱伤寒副伤寒混合菌苗、百日咳菌苗等，共约500万CC（年生产量可达1000万CC），每年生产天花疫苗10万打、白喉及破伤风类毒素2万～3万CC，每月可出售狂犬病疫苗100～200人份。

由于生产和销售的制品有限，兰州分处出台一条过渡时期的暂行规定："职工一律发放临时维持费"。虽然职工得到的现金和实物有限，但相较兰州当地的其他单位而言，尚属条件优越，因此一直维持了下来。

兰州解放

1949年春节过后，卫生部迁到广州刚一个月，国民党政府又将其缩编为内政部卫生署，金宝善在国外，不愿意回国担任这个降格的署长，随即由朱章赓任署长，王祖祥任副署长。

1949年8月，国民党政府再度紧缩机构，将卫生署改为内政部卫生司，朱章赓也不愿意接任再次降格的司长。卫生司又从广州撤到重庆，虽然王祖祥同意担任司长，却人去台湾探视家属，迟迟不归，朱章赓只好亲自指挥迁移工作。11月下旬，卫生司的个别人员又疏散到成都。

1949年8月，国民党政府企图保住西南四省，重整军备，伺机卷土重来。此时急需胡宗南、马步芳各部在西北地区作战略配合，遂在广州召开"西北联防会议"，拟定"兰州决战计划"，企图以马步芳部，依托兰州固若金汤的城防和波涛汹涌的黄河天险，会同宁夏地区的马鸿逵部和陕南陇南地区的胡宗南部，将中国人民解放军第一野战军，挫败于兰州之外围。

战争的阴霾笼罩着兰州城，马步芳部要求齐长庆将中央防疫实验处兰州分处迁至青海，为齐长庆拒绝。马步芳部又派人来索取厂内的有毒物资，齐长庆断然拒绝。

8月的一天夜晚，齐长庆没有按时回家，白旭贞不知道发生了什么事情，焦急地四下寻找，惶恐度过两日，才从返家的齐长庆口中获知："国民党特务逼我携家眷立刻赴台，我不答应，他们恼羞成怒关了我。我告诉他们这个处长我不干了，你们爱怎么着就怎么着，他们这才放了我。"

放回来的齐长庆被告知，厂里的毒物已被马家军武装劫走。马家军又在叫嚣要焦土作战，种种征兆，提醒齐长庆要早作安排。处里决定，职工家属夜晚时，全部躲避到分处自建的防空洞里。全体职工一致行动，采用人搬、马车拉运的方式，将仪器、设备、药品、物资，转移隐藏于萃英门的兰州大学校园内的地下室中，并在厂内实施各种安全措施，保护水、电、锅炉、机器以及大小动物。在此存亡危难之际，全处30余名员工，自发坚持日夜值班护厂。与此同时，国民党特务再次恫吓齐长庆要拘留他。

无暇顾及家小的齐长庆，为防敌人使出阴招，将家人转移至兰州城里一个朋友家，朋友已经避难离兰，临走时留下一位看家的厨师，走前叮嘱师傅用自己家储存的白面、火腿和莲花菜给客人做饭。

为防开战时流弹飞进屋内，白旭贞将一床棉被挂在了窗户上。每天，孩子们多是被限制在黑黢黢的屋里，只能在一个大炕上，玩耍铜板钱。

几乎每天，处里都有熟人来看望他们，还带来最新的消息和战况，报信的人说："狗娃山之战打得最为惨烈，马家军之所以彪悍无比，是因为他们很多人都是父子兵，如果一人投诚，全家都会连坐，以前亲眼看见过，马家军抓到一个逃兵，当街就给砍死了。"后来又有人来讲："马家兵在黄河铁桥，边打边退，逃跑时，桥面拥挤不堪，很多逃兵慌不择路，纷纷跳入黄河，淹死了不少人呢！"

不久，齐长庆笑吟吟地来接夫人和孩子们回家，他告诉大家："兰州解放了！"

接受军管

1949 年 8 月 26 日，兰州解放。8 月 27 日，中央防疫实验处兰州分处接受军管。中国人民解放军西北军区第一野战军后勤部卫生部，派西北军药处处长陈士富为军代表、邓华山为政委接管了兰州分处。

齐长庆组织兰州分处的员工将隐藏于兰州大学的仪器、设备搬回处址，重新安装就位，经三日紧锣密鼓的整顿，恢复生产工作。

军管后，兰州分处的大院里，大家举行了热闹的庆祝活动，孩子们

西北军区接管后职工合影 1，1950 年摄于兰州

西北军区接管后职工合影 2，1950 年摄于兰州

西北军区西北防疫处小西湖大门，1949 年摄于兰州

西北军区西北防疫处库房（小西湖龙王庙），1949 年摄于兰州

跑来跑去，兴奋不已。兰州分处被划归第一野战军后勤部卫生部管辖，分处的经费和薪金均由一野后勤部卫生部发放，人员享受文职待遇。人员的薪金以面粉和布料折算发放。不久，"中央防疫实验处兰州分处"被改编为西北军区西北防疫处，齐长庆依旧担任处长。

西北军区西北防疫处位于兰州小西湖 1 号，占地面积约有 28 亩。此外，在碱沟沿 3 号（占地 2000 多平方米）和骆驼巷 13 号（占地约 300 平方米）有职工宿舍。还有一处龙王庙冰窖（130 多平方米），用于存储天然冰。

进入防疫处小西湖的办公地点，这里设置了传达室、电话总机室和各类办公室、图书室、大礼堂、食堂等；还有血清室、检验室、菌苗室、疫苗室、毒素室、采血室、种痘室、痘苗室、培养基室、技术研究室、冷机房、水塔房、锅炉房、电机房、冷藏室、孵卵室、储藏室、小动物房、马厩等。

第一届全国卫生会议纪念，1950 年 8 月于北京大学

　　处里原班人员有生产股股长张慧卿，痘苗室主任王永尧，血清室主任白重山，毒素室主任范承履，菌苗室主任杨蕴玉，培养基室主任李清泉，事务股股长王日慎，财务室主任马伟，还有何天德、侯硕德、魏兴善、李腾等人。总体而言，防疫处的实验、生产条件不佳，运输设备也简陋、老旧。

　　上级部门特别重视西北军区西北防疫处的工作，派遣解放军制药厂的人员加入此处。防疫处分别于 1949 年 9 月和 1950 年 1 月，迎来了中国人民解放军西北人民制药厂（即晋南人民制药厂）血清疫苗部的两批人员，共计有 40 人，他们是：刘锦章、高俊岩、孟振书、杨玉洁、苏乃汾、张国威、乔月娥、胡久霆、苏乃瑛、苏泰来、苏月虎、石振国、刘建文、刘燕宁、刘满仓、孟昭琦、张凤宾、郭建方、李格英、范思廉、王璟清、吴善述、陈宝伦、毛贵锁、李金瑞、李振山、潘玉香、王春荣、谢文科、李应治、马易、马威、马国祥、柳根用、王保安、贺三本、赵秀芬、贾春凯、申万和、刘九俊。

领队的苏乃汾曾受到过中共中央军委副主席周恩来的嘉奖，他参与了西北防疫处的领导工作。来自西北人民制药厂的干部和战士，穿军装，实行供给制。

1950年3月，西北军区西北防疫处改为企业单位，一切经费开支自给自足，新中国成立后恢复了化学制药和铁工组的工作，主要生产部门分为生物和制药两股。6月西北军区西北防疫处制药股，划属西北军区制药厂，原该股所属的铁工组与收回的原出租商营的玻璃厂，合并组成西北军区第二制药厂。自此，西北军区西北防疫处仅生产生物制品。

1950年8月，齐长庆参加了在北京召开的第一届全国卫生会议。这届会议由卫生部部长李德全主持，副部长贺诚在会上作了总结报告。参会人员有500多人，都是全国各地和部队卫生部门的负责人，还有中西医药界的知名专家。毛泽东主席为这次会议题词："团结新老中西各部分医药工作人员，组成巩固的统一战线，为开展伟大的人民卫生工作而奋斗！"会议在8月19日这天闭幕，全体人员在北京大学合影留念。

苏乃汾（左）和齐长庆（右）合影，1950 年摄于兰州

1950 年 11 月，西北军区西北防疫处划归西北军政委员会卫生部领导。此时西北防疫处有 51 人，分为薪金制人员和供给制人员。

薪金制人员，共计有 27 名：

齐长庆（处长、总技师）、张慧卿（生产股股长兼检定室主任、技师）、王永尧（疫苗室主任、技师）、白重山（血清室主任、副技师）、李

西北防疫处人员合影，20 世纪 50 年代摄于兰州所旧址

清泉（培养基室主任、副技师）、范承履（毒素室主任、副技师）、何天德（菌苗室主管、助理技师）、张克元（助理技师）、阎求贤（技术员）、侯硕德（技术员）、卫兴善（技术员）、达绍伟（技术员）、张金福（技术员）、李永德（技术员）、赵承祥（技术员）、张子仁（助理技术员）、马全福（助理技术员）、万文华（助理技术员）、万纯洁（助理技术员）、丁延生（助理技术员）、王曰慎（事务股长）、李腾（秘书）、傅增祉（会计）、戈福越（出纳员）、陈福林（通信员）、文映彩（炊事员）、杨守温（炊事员）。

供给制人员有 24 名：苏乃汾、胡久霆、刘满仓、李应治、马易、石振国、柳根用、李格英、苏月虎、李金瑞、毛贵锁、谢文科、吴善述、

西北军政委员会卫生部生物制品实验所职工合影，1951 年摄于兰州

西北军政委员会卫生部生物制品实验所女职工合影，1954 年 3 月 8 日摄于兰州

张国威、贾春凯、王璟清、王保安、孟昭琦、乔月娥、苏乃瑛、高俊岩、贺三本、申万和、戴鸿儒。

当年制品生产及销售情况为：疫苗类（天花疫苗）产量23万余打；菌苗类产量计337000余公撮；抗毒素类，西北军区销售约占70%，门市销售占20%，西北卫生部销售占10%；类毒素产量10余万公撮。西北防疫处生产的制品主要供给西北军区部队所需，一部分作为民用。

1951年，西北军区西北防疫处更名为西北军政委员会卫生部生物制品实验所。齐长庆担任所长，苏乃汾为副所长。

朝鲜战争期间，美国使用飞机和火炮作为工具，向朝鲜和中国散播含有鼠疫杆菌、霍乱弧菌、伤寒杆菌等传染病的苍蝇、蚊子、跳蚤等昆虫。为了反对美帝国主义在侵略朝鲜的战争中使用细菌武器的需要，1952年3、4、5三个月，全所员工共同努力，完成了45311瓶四联菌苗的生产任务，创造了本所历史上第一次在较短时间内完成大批量生产任务的新纪录。

1953年3月，西北军政委员会卫生部生物制品实验所的解放军干部战士，正式办理转业手续，由供给制改为薪金制。

家人变故

1954年4月，10岁的儿子小昭，在家里钉功课表，他左手捏着课表，右手拎着锤子，嘴里噙着一枚图钉，一不留神，张嘴说话，图钉掉入支气管里。齐长庆赶紧把他送进陆军总医院住院治疗。兰州的医生百般尝试，这枚图钉死活不肯出来，无奈之下，医生建议切去半个肺叶，可除

家人合影，1950 年摄于兰州

掉这枚害人精。齐长庆一听急了，决定送儿子去南京治疗。

　　小昭顺利抵达南京，在中国人民解放军华东军区总医院作眼科主任的齐续哲帮忙联系到他的朋友，南京市立牙症防治所（现南京市口腔医院）的所长李代鹄。令人难以置信的是，医术精湛的口腔病专家李代鹄，在门诊就轻巧地取出了那枚顽劣的图钉，图钉已是锈迹斑斑。人在兰州的齐长庆和白旭贞听到这个好消息，多日悬着的心，这才安稳落地。小昭病愈后，直接由南京回北京继续上小学。

　　回北京上学的孩子还有小女儿小恪。

　　1950 年，恰逢西北防疫处里上了年纪的职工安守信决定落叶归根，回河北老家安度晚年，齐长庆便托付安守信，请他将自己 12 岁的女儿小恪，顺路送回北京家中。

那时兰州的交通尚不便利，他们需要先搭乘运货卡车，到达西安后，再转乘火车，才能到达北京。喜好游玩的安守信带着小恪，一路游山玩水，老少二人对新增的旅途见闻都啧啧称奇，特别是游览到一处名曰"水帘洞"的地方，两人感叹此景真如《西游记》所述的那般壮观！

　　换乘火车后，途中停靠某站，小恪下车，火车缓缓启动时她还没上车，急得安守信直冒冷汗，探身朝车窗外呼喊，只见小恪一路狂奔，追上了火车，列车员一把将其拽进车内。老少二人的整个旅程，一直有惊无险、欢乐吉祥，受人所托忠人之事的安守信平安地将小恪送回了齐家。

　　小恪称齐长庆的夫人赵惠臣为"讷讷"（满语母亲的意思）。讷讷性格开朗，对小恪和小昭疼爱有加。小恪还记得自己幼年时，讷讷一只手握着她的小手，用另一只手，点着她的手指头肚儿，念歌谣："大拇哥，二拇弟，钟鼓楼，一出戏，小妞妞，托茶盘，挎花篮，挑水担。"

　　有一回，小恪身体不舒服，讷讷仿佛火上墙一般，跑上街拦下一辆洋车，亲自带她去瞧了名中医，一副药就止住了病痛。讷讷平日里喜欢和小恪唠嗑，会将她打麻将时遇到的太太们的趣闻轶事和盘托出，也喜欢将老家里发生的各种故事，嘻嘻哈哈地娓娓道来。

　　齐长庆去北京出差机会较多，每次回京，他都会给家中添补缺少的物件，还带着家人去外面饭馆吃饭。孩子们也知道父亲既不抽烟，也不喝酒，但喜欢美食和零食。干烧鱼、砂锅白肉、三不沾、煮干丝、过油肉、它似蜜这些个菜肴，都是父亲带着他们去饭馆吃的。父亲也经常给他们买水果、坚果一类的零食。

　　孩子们还记得有一年，父亲带他们去兰州"景扬楼"饭馆吃饭，点完菜后，饭馆的大厨，从后厨跑进大厅，他要见见点菜的人，原来他的一道拿手好菜煮干丝，无人捧场。豆腐干切成细丝，里面加入海鲜的这

齐续暾、齐续春、齐续昭（从左到右），1951 年摄于兰州

道扬州名菜在兰州无人赏识，令他十分郁闷，突然有食客点了这道菜，让他兴奋不已，同时也激起了他的好奇心，他想看看究竟是哪位人士点了这道菜，给了他露一手的机会。

白旭贞在齐长庆的鼓励下，从未放松过学习文化知识和生物技术，在兰州所里，她靠自己努力，晋升为技士。白旭贞时常利用探亲假的机会，回北京家中探望大姐赵惠臣。

小恪在讷讷的爱护下，学习成绩一直不错，她被保送到离家较近的市立第六女子中学上学。这所学校不大，很重视提高学生的身体素质，每天除上午上操外，下午还有集体的体操活动。体育课有短跑、长跑、球类运动、垫上运动及跳箱、双杠、高低杠运动等。学校为了让学生培

小恪（左一）与赵惠臣（左三）、齐长林夫人（右一）及大嫂（左二）、二姐（右二）合影，1950 年摄于北京

左起：白旭贞、赵惠臣、潘淑华（齐长增夫人）、孩子小毛（齐续暾），1952年摄于北京

养健康的体魄，还请了全国闻名的体育专家马约翰老教授来校做报告，当时天气已冷，马老穿得很单薄，在操场上，他精神抖擞，对学生们谆谆教导，学生们获益匪浅。加强体育锻炼后，小恪一个月就要穿破一双布鞋，二姐齐续忱诙谐地说："我准备给她打一双铁鞋穿。"

1956年夏天，已在北京读书六年的小恪参加完高考，带着弟弟小昭，兴冲冲地返回兰州过暑假。当时还没有直达火车，要到西安倒车，由于到达西安的时间尚早，姐弟两人在饭馆吃了饭，还看了一场电影，然后就在火车站附近的茶馆里，各自躺在一张帆布躺椅上休息，一直等到快要开车时，才进站上车。

回到兰州后，她收到了北京家人转寄来的北京大学的录取通知书，

齐长庆和孩子们，1956 年 8 月摄于北京

还没高兴几天，突然又收到一封北京拍来的电报："讷讷病危，想见小
恪、小昭，速归。"

　　齐长庆接到电报，急忙带着儿女返京，兰州到北京路途遥遥，还需
倒车，等他们三人到家，已是人去屋空。小恪瞧见讷讷的炕上还遗留着
几粒干荔枝。家中的哥哥告诉她："讷讷最后想吃荔枝，北京没有鲜荔
枝，娘（白旭贞）的妹妹买到了干荔枝，讷讷也没吃上几口，她便走了，
她想你们，终归还是没有见到你们最后一面。"

　　1956 年，齐长庆的大女儿齐续蕙被动员离开北京，来到甘肃农村生
活。大女儿带着五个子女和七弟小昆，一起来到甘肃。到了之后，这才
发现这里的生活异常艰难，全家人很难适应当地的生活。他们窝在黄河

小昆（右一）和两个弟弟，1957年摄于兰州

边上一处关不严门窗的小房内，只能任由西北冬日凛冽的寒风呼呼袭扰。

七子小昆，跑到兰州找父亲，齐长庆这才知道了他们的遭遇。父亲将全部家人接回兰州。看到孩子们脚上流着脓水，烂掉肉的地方，变成可怖的黑洞，白旭贞心疼得眼泪哗哗直流，忙不迭地上药、洗涮，做他们喜欢吃的饭菜。

明月如霜、夜阑人静时，齐长庆无法安睡。大女儿一家人凄惨落魄的样子，像秤砣一般，坠着他这个当父亲的心。在昏黄的灯影里，齐长庆眉间紧蹙，他对陪坐的白旭贞说："续蕙是我的第一个孩子，我特别疼爱她，她嫁给了北新桥大生堂药铺的少掌柜佟熙荣，我特别希望她能过上好日子，当时家里比较富裕，我怕她受屈，陪嫁了丰厚的嫁妆，哪曾想她的生活越来越不如意。现如今她岁数也不小了，拖儿带女的，重新

齐续蕙，1961 年摄于北京

齐家子女，1960 年摄于北京千竿胡同 5 号

适应一个艰苦的地方的生活，实属不易，我也不能安排她在所里工作，我考虑还是让他们回北京去生活，那里毕竟还有些亲朋好友，其他兄弟姐妹也能帮衬她，咱们俩以后多在经济上帮帮她和孩子们吧。"

1957 年夏天，大女儿一家人回到北京，在父亲的安排下住回了千竿胡同 2 号（后改为 5 号）。父亲为大女儿一家人提供了生活费用和孩子们上学的学费，帮助他们渡过了难关。

第七章

建设一所科技机构

新中国的生物制品事业

1949 年时，中国生物制品事业的规模不大，全国从事生物制品工作的人员不足 700 人，生产的制品只有十几种，比如痘苗、狂犬病疫苗、斑疹伤寒疫苗、伤寒疫苗、霍乱伤寒副伤寒甲乙四联疫苗、百日咳疫苗、抗毒素、类毒素和免疫血清等，这些制品的生产数量也很有限。

中华人民共和国成立后，党和人民政府立即开始组织全国各地的生物制品机构恢复和扩大生产生物制品。

1949 年 11 月 1 日，中央人民政府卫生部成立，进一步加强了全国卫生防疫工作。

1950 年 8 月，中央人民政府卫生部和中央军委卫生部联合召开第一届全国卫生会议。这次会议为中国生物制品工作确立了以"预防为主"的指导方针。10 月，为消灭天花，卫生部颁布了《种痘暂行办法》，全国普种痘苗。

1951 年 4 月，全国防疫专业会议制定了鼠疫、天花等 19 种危害极大的传染病预防方案，同时提出 1952 年防疫工作的主要任务是进一步控制烈性传染病，控制并减少慢性传染病，建立基层防疫组织，为今后的防疫工作奠定基础。

1951 年 9 月，毛泽东主席指示："今后必须把卫生、防疫和一般医疗工作看作一项重大的政治任务，极力发展这项工作。"

1952 年 1 月，美帝在朝鲜战场和中国东北地区使用了细菌武器，利用昆虫作为传播媒介，投放霍乱、伤寒、鼠疫、回归热病菌。中国鼠疫专家陈文贵和微生物专家魏曦在朝鲜检测出鼠疫杆菌、霍乱菌、炭疽杆菌等，毛泽东主席指示：应用一切有效办法进行防疫，粉碎敌人的细菌战争。

在这场反细菌战的斗争中，我国从人员、物资、经济方面，给予各生物制品机构大力支持，中国生物制品的质量和数量得到突破性提高，各生产机构在极短时间内创造出新的生产纪录，其中霍乱伤寒混合疫苗、霍乱伤寒副伤寒混合疫苗的产量增加了13倍，而且还成功投产了新制品。在抗美援朝和反细菌战中各生物制品机构做出了贡献。1952年底，中国生物制品从业人员增加到2000多人。

经过三年的国民经济恢复时期，为了发展中国的生物制品事业，在第一个五年计划期间，中央人民政府根据人民防疫工作的需要，决定统一规划和全面调整全国生物制品机构，建立布局合理的生物制品生产和供应体系。

按照全国六大行政区划，我国政府经过统筹安排，实施了生物制品机构的全面调整合并工作，决定建立直属中央人民政府卫生部的六个生物制品研究所（北京、长春、兰州、武汉、上海、成都）和卫生部生物制品检定所（负责全国生物制品的质量控制及各种标准品的分发）。同时，国家投入大量资金，经过几年的努力，扩建和新建了六所规模较大的卫生部生物制品研究所。这些生物制品研究所，既是研究机构，又是生产单位，它们是中国防疫战线上抵御传染病的有力后盾。

20世纪50年代初，中国的生物制品技术力量严重不足，卫生部生物制品检定所举办生物制品培训班培养人才，各所也根据人才队伍建设的需要，努力提高人员的业务水平。随着中国生物制品科研能力的提升，生物制品的质量和生产工艺也逐步得到提高，到50年代末，疫苗类生物制品已经增加到 20 多个品种，此外也有了多种诊断用品供临床和科研使用。1965 年，全国从事生物制品工作的人员达到 4000 多人。

总体设计师

1953 年 4 月，西北防疫处更名为中央人民政府卫生部兰州生物制品所，接着进行职称评级，齐长庆主动放弃一级，他希望评给其他同志，最后党委委任齐长庆为卫生部兰州生物制品所所长、二级主任技师。

1953 年，卫生部指示，扩建兰州生物所，可不限用款，并拨发 200 万元作筹备扩建费。上级的这一决定，使这位老生物制品人在今昔强烈的对比中感慨万千、喜出望外，此时此刻，自己几十年来追求的一个梦想——"建设一所科技机构，为大众消灭传染病"——在共产党领导下的新中国，即将成为现实。于公于私，他对共产党的钦佩之情愈加强烈，对中国生物制品科学事业的未来充满了信心。

兰州所如何建设，如何发展，面对所内当时的实际情况，齐长庆提出了建设性的三三计划：

1. 职工人数达到 300 人。

2. 建筑面积 3 万平方米。

3. 马匹 300 只，年产值 300 万元。

齐长庆亲自主持兰州新所的扩建工作，并成立了以副所长苏乃汾为主任，张淇、范承履、董树林为副主任的基建办公室。

新所建在什么地方？卫生部提供了两种方案：将兰州所整体迁至陕西西安进行扩建，或者在兰州当地完成扩建工作。

20 世纪 50 年代兰州所生产区建设外景

很多职工热切盼望兰州所能够迁至西安，他们说："兰州风沙太大，我们出趟门都得靠马车，生活条件比西安艰苦。"

齐长庆和大多数人的想法不同，他有如下考虑："国家还不富裕，中国生物制品的生产设施和设备还比较落后，相较而言，气候干燥、蚊虫雨水稀少，夏天房舍不易生长霉菌的兰州的自然环境更具生产优势，干燥的兰州就好似天然的无菌室。"他主张选址兰州。

兰州所统一思想，最终放弃生活条件更为优越的西安，选定兰州完成扩建工作。

在兰州市建设局的协助下，兰州所选址盐场堡，获得拨地 600 多亩，扩建工作随即展开。这片土地，除三四十亩平川外，其余都是乱坟滩和荒地，需要花大力气建设。

齐长庆经常会出现在建设工地上，询问兰州所的职工干活累不累？

需要什么样的帮助？职工们笑语："我们不觉得苦，也不觉得累。"其实，齐长庆明白，哪会不苦不累，只不过是他们不把苦累放在心上，新中国百废待兴，他们觉得自己在建设家园，哪会计较那点个人的得失。

在新所的建设过程中，齐长庆是一名技术总体设计师。当时，生物制品所的建设没有可资借鉴的现成样板和系统资料，他将兰州所未来的发展方向纳入全景规划之中，参照苏联的建造模式，又参考欧美各国的资料，结合自己以往丰富的建设经验，集思广益，设计既符合科学，又契合美学的建筑设施。

如何布局生活区、生产区、强毒隔离区和实验动物区，都要经过反复推敲和思考。工作安排纷繁复杂，他首先要解决关键性问题。用水、用电、用气和无菌冷气通风，这些都是至关重要、亟待优先解决的问题。

水源问题怎么办？兰州所在生产中需要使用大量优质水，而兰州没有自来水，也不能打井，只能利用黄河水。齐长庆说："我们自己建自来水。"兰州所找来专家，在黄河滩上做了两个沉箱，建筑了机器房，修建过黄河的渡桥，引水过黄河桥，引清水上所内土山，建蓄水池和水塔。每日以千吨水量供应所内需要，提供了充足的生产用水源，这一工程开创了兰州引清水上山的创举，同时利用地形地貌，将水塔建在小山头上，即可减少建筑投资，利用自然压力将水上升至高层建筑，也可降低经常性能源费用，山头上的水塔也成了标志性建筑。

用电不足怎么办？继水源问题解决之后，针对所内影响科研和生产的电力不足问题，齐长庆领导设计了所内发电厂，架设起专用备用线。生产区使用两套独立的电源，若一条线路突然断电，会自动切换到另一条线路上，确保生产顺利进行。

20世纪50年代的兰州所水塔

　　没有煤气怎么办？齐长庆力主把南京私人煤气公司的徐永昌招聘到兰州所。徐永昌还带来两个徒弟，他给兰州所建了一个煤气房，把无烟煤装进炉子里加热，加温后，再喷水，生产水煤气，这些水煤气储存在兰州所内山上的两个煤气罐中，从罐中再加压给各个实验室使用。兰州所的生产、生活都用上了水煤气，实现了煤气化。

　　此外，对于生产中急需解决的"冷热"气温的设计和装置的问题，齐长庆聘请了上海英国怡和船舶厂总工程师，来设计无菌冷气通风设备，这个装置是整个生产科研大楼里的一个中心设备，各个实验室的无菌通风都靠它提供，由上海工厂的工人生产安装。这个设计很复杂，齐长庆派基建办副主任董树林常驻上海，负责此事。最终解决了一系列复杂的设施问题，安装了大型锅炉、管道，装置了冷冻机械、冻干机械，修造了多间冷

20世纪50年代兰州所煤气房外景

20世纪50年代兰州所生产科研大楼

室及两座冷库，装置了实验室、无菌室、冷热通风机械等各种配套设施。

如何设计生产科研大楼，齐长庆颇费了一番心思，他的设想是：

一是既要省钱，又要合理、合格、实用；

二是建筑形式要保持生产研究机关的特点，避免工厂模式的形式；

三是在主楼前，利用冷冻机的回水设计喷水池，用它解决降温问题，这样既循环利用了冷却水，又可降尘、净化环境，还可美化生产科研大楼的风景。

研制生物制品，潜在的危险和风险巨大，齐长庆将安全生产的策略，完全渗透于整体建设布局和生产制度之中：

1. 兰州新所实验室设有无菌通风等现代设施；

2. 冷库有半成品库、成品库、危险品库，以及原材料库，分别存储；

3. 福利区（生活区）污水分开处理，保证排水安全；

4. 人流、物流分开，强毒、弱毒隔离，保证安全生产；

5. 建立各种制度，严格执行制造与检定规程，加强生产管理，完善操作细则，规范生产记录，加强质检，保证产品质量。

在建设过程中，有一批来帮助兰州所建设的所外人员，兰州所非常感谢他们的辛勤付出。为表达感谢之意，齐长庆亲自请他们吃饭。不料令他生气的是，在饭桌上，居然看见了自己的幼子小毛，这孩子不知是由哪位好心的职工带来蹭饭吃。齐长庆憋住火气，高高兴兴地招呼大家吃完了这顿答谢宴。回到家后，懵懵懂懂的孩子，稀里糊涂地被爸爸打了屁股，家人随即被告诫："此类事情绝不容许有！"

修建新所围墙时，齐长庆驻足良久，说了一句话："后退50米修围墙"。基建办公室副主任张淇立马提出质疑："齐所长，这50米可是我们买的地！为什么要这样建围墙？"齐长庆不急不慢地回道："咱们所外的这条

家人合影，1955 年摄于兰州

马路太窄，将来肯定会拓宽，修起的围墙，也会被扒掉。"大家听从了他的建议，将围墙让出了 50 米。果不其然，后来那条路被相关部门拓宽了。这件事让大家很佩服他的远见卓识，同时也庆幸没有浪费建设费用。

自 1955 年起，实验动物楼、免疫室、炭疽室、分包装室、变电所、锅炉房、马厩、工务科小院及行政楼相继竣工。福利区相继建起了职工宿舍东楼、西楼、福利楼、后四楼及食堂、礼堂、托儿所等。

1956 年 8 月，根据国家科学研究发展规划，中央人民政府卫生部兰州生物制品所更名为卫生部兰州生物制品研究所。

1958 年 10 月 1 日，建筑面积 12182.29 平方米的生产科研大楼正式投入使用，基建工作基本结束，卫生部兰州生物制品研究所（简称兰州所）

20 世纪 50 年代兰州所生产区

20 世纪 50 年代兰州所福利区东楼

20 世纪 50 年代兰州所福利区后四楼

20 世纪 50 年代兰州所食堂

遂由小西湖 1 号旧址，陆续搬进兰州盐场堡新址。

第一个五年计划期间，卫生部总共投资了 560 万元，用以扩建兰州所。在西北这片高原上，新建的兰州所，具备了优良的科研和生产条件，也为职工提供了较为舒适的生活保障。审视着蔚为壮观、具有中国特色的兰州生物制品研究所，齐长庆不禁发自肺腑地感叹道："作为一个中国人，我感到无比自豪！"

新建的兰州所里，栽种了很多树木。这些树木既有降尘、净化作用，又可美化环境。

兰州所的梨树特别多，梨花盛开时，洁白如雪；梨子成熟时，果肉香甜；梨花欲落时，漫天飞舞，纷纷扬扬。

兰州所的职工喜欢在花蕾满枝时，留下小影；也喜欢在果实累累时，

同事们在生产科研大楼前合影留念，1959 年摄于兰州所

梨花烂漫时，齐长庆 20 世纪 50 年代摄于兰州所

驻足品尝。

含梨畅叙、笑语喧阗的画面，是兰州所的一道别样的风景。

高级人才靠引进

伴随着扩大编制的机遇，齐长庆一边扩建新所，一边开始建设兰州所的人才队伍。

如何获得人才？齐长庆有一套人才发展理念，他说："高级人才靠引进，技术骨干靠培养。"

在卫生部的大力帮助下，在兰州所党委的积极支持下，齐长庆相继

齐长庆、张慧卿、张淇、苏乃汾、齐乃奎等，摄于兰州所

从北京生物制品研究所、上海生物制品研究所、大连生物制品研究所和西安等地请来了专家、学者和技术人员。

1956 年 8 月，齐长庆获悉生物技术专家蓝春霖博士，愿意由上海生物制品研究所调兰州生物制品研究所工作，非常高兴。蓝春霖博士毕业于美国堪萨斯州立大学研究院，他曾和齐长庆供职于中央防疫处，早已相识。

齐长庆和苏乃汾商量，要尽量安排好来兰州工作的蓝博士一家人的生活。为了表达热烈欢迎的恳切之情，齐、苏两位所长一致同意，派出各自的夫人白旭贞和刘萍亲自上阵，帮助初来乍到的蓝春霖博士打扫家里的卫生。

蓝春霖博士

　　这也是白旭贞第一次见到蓝春霖的夫人冯若兰。冯若兰是民国时期中国银行总裁冯耿光之女。站在白旭贞面前的冯若兰相貌美丽，打扮时尚，说话声音悦耳动听，引人注目的是，她还涂了口红和指甲油。

　　白旭贞和刘萍早已习惯了吃苦耐劳的工作作风，刘萍更是有股子部队女干部雷厉风行的工作态度。两人撸起袖子，说干就干，忙里忙外，马不停蹄地帮忙收拾。待到各处打扫干净，一切安置妥当之后，灰头土脸的两位夫人随即告辞，冯若兰这才如梦方醒，她原以为这两位手脚利索的女同志是单位派给自己的女佣。事后，白旭贞说起这场误会，禁不住"噗嗤"一声把自己也给逗乐了。

　　蓝春霖博士的到来，加强了兰州所的技术力量。兰州所首先安排他负责疫苗和实验动物工作，他先后担任了疫苗室主任、技术科科长、图

刘萍（左）和白旭贞（右），1963 年分别之际摄于兰州所

书资料室主任、血液制剂室主任等职。

为了加强卫生防疫工作，卫生部经国务院批准，决定调整全国各生物制品机构。卫生部按照当时全国六大行政区划，华北区、东北区、西北区、中南区、华东区、西南区，分别投资扩建北京、长春、兰州、武

汉、上海生物制品研究所，同时筹建成都生物制品研究所。六大研究所专门调查、预防传染性疾病及研究、生产防疫用生物制品。

东北行政区已经成立了长春和大连两个生物制品研究所，而成都生物制品研究所正在筹建中。根据计划，卫生部决定撤销大连生物制品研究所建制，将大连生物制品研究所、昆明生物制品研究所、西南卡介苗制造研究所以及上海生物制品研究所的一部分并入新筹建的成都生物制品研究所。

1956年夏季，卫生部防疫司的杨清秀副司长，召集各生物制品研究所的所长到大连所开会，共商大连所建制撤销后的分家归并之事。杨副司长事先约法三章，明确规定参加会议的各所领导，只能在会上进行协商，不容许在会后搞小活动。

兰州生物制品研究所所长齐长庆也参加了会议，而且是有备而来，他计划为兰州所招揽到更多的人才，此次，他的目标人物已经锁定：大连生物制品研究所血清科科长王成怀。

王成怀，1945年8月毕业于满洲医科大学，1946年进入当时的大连卫生研究所（1949年后更名为卫生部大连生物制品研究所），开始从事生物制品的研究和生产工作。1947年，王成怀研制生产的气性坏疽抗毒素，在中国属于首创；他还曾兼任大连卫生专科学校的教育长，主持大连卫生专科学校的日常教学工作。

齐长庆特别喜欢具有挑战尖端科技能力的人才，也特别喜欢具有这种特质的人。

参加完分家合并会议，齐长庆特意拜访了35岁的王成怀。对于齐所长的到访，王成怀颇感意外，更诧异于齐所长一进门首先提出想参观一下他家的提议，他疑惑地看着齐所长里里外外地对他家探查了一遍，然后这才宾主落座。

齐所长开诚布公地对王成怀说："我们兰州是座新兴的工业城市，古老的黄河穿城而过，风景秀美，夏天不炎热，冬天不寒冷，气候宜人，还是有名的瓜果、玫瑰、百合之乡。兰州所职工宿舍楼盖得宽敞、漂亮，我们也能安排好家属的工作，我们兰州所也是全国血清、毒素生产的重点所，特别是我们十分需要您这样的专家，兰州所希望您能考虑到我们所工作。"

王成怀对于齐所长的登门拜访和热情邀请，内心颇为感动。但那时个人的工作安排，必须服从组织的决定，个人不能随便表态。于是，他对齐所长说："非常感谢齐所长的好意和盛情邀请，但能否去兰州，我个人无法决定，听从组织的安排。"齐长庆回应道："我了解您的意思了！"齐所长的拜访，激发了王成怀的好奇心，他开始打听兰州所的具体情况。

齐长庆亲自查看了王成怀的家庭生活环境，也摸清了他的想法，于是就直接找到卫生部的领导同志，表达了强烈需要此人的愿望，同时也恳请部里再多拨些大连所的职工来兰州所工作。

1956 年 11 月，齐长庆参加卫生部生物制品委员会成立大会和第一次全国生物制品所所际论文报告会。

这次参会期间，齐长庆又向卫生部再次表示非常欢迎王成怀到兰州生物制品研究所工作。

1957 年 4 月，卫生部正式下了调令，调王成怀到兰州生物制品研究所工作。王成怀在正式调入兰州所前，决定先去兰州所看看实际情况。王成怀到访兰州所时，正好赶上西北军区卫生学校政治委员胡及由部队转业来兰州所担任副所长。

齐所长热情地提议："胡及同志来了，成怀同志也来了，我们开个欢

卫生部生物制品委员会成立大会及第一次全国生物制品所所际论文报告会

迎会，这是我们兰州所的两大喜事，一定要庆祝庆祝！"

王成怀面露难色，连忙说："我还没有正式报到呢，听说 8 月份要在兰州所开一次全国生物制品实验大小动物饲养管理经验交流会，我想先利用这次出差的机会，过来看看情况，至于欢迎会就不要开了吧。"

齐所长说："这个欢迎会迟早都要开，早开比晚开好！"于是，在王成怀还未办手续的情况下，兰州所就为他和胡及召开了欢迎会。兰州所的领导和同志们的热情欢迎，令王成怀十分感动。

当时的兰州，是西北的新兴工业城市，正处于建设之中，到处是一派欣欣向荣的景象。兰州生物制品研究所的扩建工作也到了尾声，崭新的生产科研大楼和宿舍楼十分引人注目。齐长庆事前安排专人陪着王成怀在新建的兰州所里到处走走、转转，及时向他介绍各方面的情况。同时齐长庆还特意嘱咐陪同人员随时给王成怀介绍兰州出色的地方，比如

齐长庆和王成怀合影，1959 年摄于兰州

气候、食品、蔬菜、水果等等各方面的优势。在兰州所待了一个月，王成怀觉得自己已经了解了各方面的情况，提出要返回大连所，齐长庆立即表示同意，但他给王成怀开了一张兰州所出差的介绍信。

王成怀觉得非常纳闷："我还是大连所的人，还没有在兰州所办理正式的报到手续，怎么需要带兰州所的介绍信去大连所呢？而且大连所，我这么熟悉，也不需要介绍信啊？"

齐长庆笑了："成怀同志，您已经是咱们兰州所的人了，现在去大连所，当然是代表兰州所出差了，出差哪有不带介绍信的道理？"

结果，王成怀硬是被塞了封介绍信，这才返回了大连所。

1957 年 6 月，王成怀回到了大连所，向大连所的领导和血清科的同志们汇报了自己的兰州之行。大家听了他的情况介绍，都感觉兰州是座

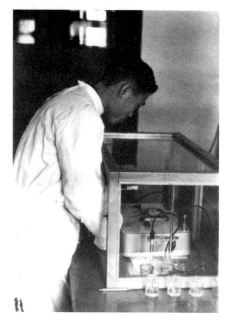

张慧卿（右）与工业实验所居夕　　　20 世纪 50 年代兰州所检定室工作
野合影，摄于解放前　　　　　　　　场景

很有发展前景的新兴城市，而且当血清科的同志们听说，兰州生物制品研究所是全国血清、毒素生产的重点所时，也纷纷表示愿意随同王成怀一起到兰州所工作。

　　1957 年 7 月，大连所血清科的科长王成怀，带着科里的李大容、刘茂治、綦文常、李淦、张发臣、吴永义、林家安、王承忠、许成志、韩金侯、王昭春、王延旭、王秀芬和在大连地方工作的朱岚秋、于兰花、张荣，以及各自的家属，携带着仪器设备，离开了海滨城市大连，经北京中转，奔赴西北兰州工作。王成怀到职兰州所后，负责血清和毒素研制工作。

　　随着人员的不断扩增，让同事们记忆犹新的是齐长庆特别强调："在兰州所，不搞派系活动，大家要团结一致共同建设好兰州所。"

张慧卿于 1934 年毕业于南京中央大学理学院生物系，是西北防疫处的技师，她的生物制品技术功底扎实，理论基础深厚，工作细致耐心。张慧卿是齐长庆原有人才库里的一支奇兵，不管哪里出现问题，她都可以完美补缺。1951 年，兰州所需要成立自己的检定科，张慧卿被调任检定科科长，很快兰州所的制品按照年度编制为生产、发售、合格证号，制品检定工作步入正轨。张慧卿还在兰州所担任过生产科长、菌苗室主任之职。

技术骨干靠培养

兰州所最早仅有若干名有学历的人员，特别缺乏医科毕业的人。齐长庆每年恳请卫生部，将大专学校毕业的学生和人员，特别是医药学专业的人，分配到兰州所工作。

大学本科毕业的张淇、孟肇英、叶元贵、董树林、李世伟、马慧琛、郝景新、殷绥亚、段珊楣、刘新铭、白植生、程夷、何长民、许新华、徐瑛、聂嘉伍、范志等陆续调入或分配至兰州所工作。

中央人民政府卫生部生物制品检定所（简称检定所）于 1951 年和 1952 年办了两期生物制品人员培训班。齐长庆得信后，马上赶到培训班要人。兰州所地处偏远，交通不便，一般人都不愿意来这里，齐长庆不管这一套，硬是要来了殷绥亚、刘新铭、白植生、程夷等人。

兰州所自己也成立了学制两年的技士班，技士班里有从广东招来的梁名奕、李根明、欧阳杼等 40 名学员，他们都是高中毕业生，其中一半人是归国华侨。这些来自广东的学员，刚来时穿着凉拖鞋和短裤，过了

齐长庆（右一）、段珊楣（右四）、范志（左一）、张淇（左三）、范承履（左五）
等合影，20世纪50年代摄于兰州所旧址

好一阵，才逐渐适应了兰州的生活。广东学员还特别喜欢去黄河游泳。
齐长庆的儿子小春也想学游泳，就跟着他们去了。到了黄河边，这些广
东大哥哥纷纷下水，不识水性的小春，也跟着兴奋地跳入黄河，吓得大
哥哥们手忙脚乱地把他从水里捞了出来。

　　齐长庆又将辽宁省沈阳卫生学校的周长铨、朱滨、马慧娟、邱珍生、
吴妙灵、陈新宏等20名毕业生收入兰州所。兰州所对他们进行了为期一
个月的生物制品专业培训和爱所爱岗教育。

　　齐长庆、白旭贞、董树林、张淇、范志、齐乃奎、孟肇英、苏新会等合影，
1959年摄于兰州所福利区东楼

　　上海生物制品研究所和华东地区，又转调来一批新职工，其中有卫永义、袁申朗、张曼奇、韩继志、金梦江等人。

　　齐长庆听说原检定所的王秉瑞、蔡怜民调到西安流行病卫生研究所工作，他就想办法把他们调入兰州所。后来，在兰州所工作的王秉瑞填补了中国伤寒和痢疾预防制剂的空白。

　　北京生物制品研究所的孙柱臣也被兰州所要来了，他还带来一些仪器和设备，很快就建起了斑疹伤寒疫苗生产实验室，历时半年，生产出

职工业余文化学习模范

同事们送别苏乃汾副所长及其家人，1963 年秋摄于兰州火车站

精制斑疹伤寒疫苗。之后，他和王维新等人成功研制出流行性出血热灭活疫苗，获得国家科技进步一等奖。

对于没有研制生物制品经验的来所人员，齐长庆均严格要求，先从基本训练开始，实行"轮习制"，即新来人员到各科室轮流实习一年的制度，让他们先在各科室做些前期的基础工作，帮助他们全面熟悉所内情况，了解生物制品研制过程，然后再分配到各个科室，做具体的技术工作。

齐长庆认为自己获得的进步和成功，有赖于众多前辈的有益积累，还有那些默默无闻却无私奉献的人，每一个中国生物制品人既肩负着过去，又孕育着中国生物制品事业的未来，他极愿意将自己所学习和积累的研究生产知识和经验传授于他人。

兰州所的同事发现，在办公室里，很少能找到齐长庆，他经常跑科室。齐长庆能够及时了解全所的科研生产情况，就是靠少坐多跑，对工作中出现的问题，他不喜拖延，更愿意马上给予帮助和指导，他还会给年轻的科研人员亲自作技术示范。由于他将一生积累的丰富知识和实践技能，毫无保留地传授给同志们，大家有了疑难问题，也喜欢向他请教。兰州所内成长起来的科室负责人和各有所长的生物制品方面的专家们，也对他的帮助难以忘怀，他赢得了兰州所职工的尊敬。

人生有聚有散，1963年秋天，苏乃汾调任武汉所副所长，在一起工作十几年的朝夕相处的亲密同志，即将离开，恋恋不舍的齐长庆到火车站为苏乃汾一家人送行。

为了贯彻当时提出的"学习苏联，提高质量"的方针和适应本所生产发展的需要，自1954年起到1955年，兰州所先后派出高中级技术干部和水电管理人员分赴卫生部上海、长春、武汉等所，学习运用苏联法规

兰州生研所人员与来所学习的培训班全体同学合影留念

1954年兰州所人员到长春生物制品研究所进行交流学习

前排从左到右为：齐长庆、张国威、万纯洁、张慧卿。

后排从左到右为：董树林、何天德、侯硕德、王永尧。

万纯洁（后排中）与齐长庆和苏乃汾的孩子合影，20 世纪 60 年代初摄于兰州所

白植生（左一）、刘新铭（中）、程夷（右一），1954 年春摄于兰州所

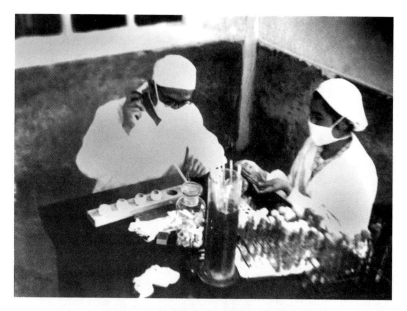

20世纪50年代兰州所工作人员进行流感疫苗研制工作

20世纪50年代兰州所培养基室工作场景

20 世纪 50 年代，兰州所培养基室工作人员清洗大立瓶

1956 年，兰州所工作人员参加甘肃省卫生厅防治高
山病工作队，在甘肃礼县为群众进行体检

20 世纪 60 年代初，兰州所职工合影照

制造白百破三联菌苗、天花疫苗、脑炎疫苗、胎盘球蛋白的工艺及有关免疫学技术和电机使用管理技术。

  对于文化水平低的普通职工，齐长庆从不放弃，他鼓励他们学好数理化，练好基本功，随时准备进修，进一步提升自己的能力。兰州所为这样的职工开设了甲班、乙班和速成识字班三个班，甲班以业务理论知识学习为主，乙班由小学五年级提高到六年级，速成班则由认识单字开始提高到小学四年级。在此基础上，后来又开设了初中班、高中班和俄文班。对于初、中级技术人员，兰州所也举办了技士训练班。齐长庆总是鼓励技术人员不断加强业务学习，提高文化和业务水平。兰州所还选送了一批青年干部参加卫生部举办的生物制品大专进修班。

14 岁的万纯洁第一次来到齐长庆身边时，被人唤作"天水尕娃"，他是厨师文映彩介绍来照看齐长庆年幼的儿子小春的，因为妻子白旭贞也参加了学习，她已没有时间照顾孩子。随着时间的推移，齐长庆觉得万纯洁年纪尚小，这样荒废时日，太过可惜，于是就很严肃认真地对他讲："每个人，只要肯努力学习，都会进步的。"似懂非懂的万纯洁非常信赖齐伯伯，便开始学习基础文化知识，随着日积月累的不断学习，聪颖而努力的万纯洁逐渐展露出创新才能。1955 年，万纯洁制造出第一个生物制品自动定量分装机。卫生部不仅通报表彰了这一成果，而且将其推广应用于全国各生物制品研究所。1960 年，万纯洁又研制出硫酸铵微量测定仪，这项发明不仅解决了血清检定中的关键问题，还提高了工效 50 余倍。

兰州所自己培养的技术骨干陆续获得了多项成果：

1964 年刘新铭负责的"发碱—殊异菌因子血清试制研究"，白植生负责的"液体全胚流感活疫苗生产技术及保存试验"，程夷负责的"吸附生产制品中铝含量的络合滴定法"，白植生、邱珍生、蒋兆英等开展的"1957—1962 年兰州流感病毒分离及其抗原分析"，这些项目获得国家科委科研成果奖。刘新铭带领科研小组，于 1965 年研究试制成功了中国第一套变形杆菌分形血清，并首次发现了变形杆菌新的九种"O"抗原和两种"H"抗原。

1965 年 8 月，齐长庆和兰州所职工王永尧、程夷、刘茂治、何翠莲、吴祥林去北京开会学习，齐长庆带着他们游览了颐和园。

兰州所职工合影，1965 年摄于北京颐和园

生物制品理念

为了招揽大学生来兰州所工作，齐长庆费了很大力气，然而新分配来的大学生，对于生物制品毫无概念，有的人来了一看，还得干脏活、累活、粗活、苦活，心里就不愿意了，坚决一走了之。齐长庆心里很着急，他明白生物制品工作并非适合所有人，但他要把未来真正属于这个事业的青年英才留下来，不能让个别人的离去，动摇了兰州所正在组建的这支人才队伍的军心。

齐长庆召集分配到兰州所的来自全国各地的大学生上课，他要讲讲什么是生物制品，看着一双双清澈的眼睛，他说：

生物制品是一种商品，但它不是普通商品，你在普通商店里是买不到生物制品的，它是由防疫部门的专供渠道供应的。生物制品又是一种药品，但不是普通药品，它是特殊药品。因为普通药品是给病人用的，而生物制品除了治疗用品以外，疫苗大部分是用于健康人群的。

生物制品它来自于平凡的工作中，"生物制品无小节"，譬如像洗瓶子、喂动物，不要觉得干这些好像没出息，不管你洗瓶子、你喂动物，你都要用心。你瓶子洗不干净，就会影响制品的质量，会影响人的健康。动物你喂不好，会影响实验的准确性，甚至出现实验失败。搞生物制品工作好比制造炸弹，要时时刻刻操心用心，我们会经常接触毒菌操作，既要防止感染自己，又要防止泄漏发生，更要防止污染制品。生物制品是一门科学，科学工作者必须忠诚老实，不能有半点虚假，要做好每一道工序、每一个环节的工作。"生物制品无小节"它不是抽象的概念，它是实实在在的工作作风。

"生物制品无次品"，生物制品不能生产次品，检定合格了就是合格制品，检定不合格就是废品，它不像织毛巾、织袜子的，不合格还可以作次品处理，生物制品不行，它必须是质量第一。那么什么是质量标准？有些特殊的生物制品，如狂犬病疫苗、肉毒抗毒素、血液制品等，都是抢救生命使用的，它们必须是安全、有效的，安全、有效就是主要质量指标。

中国是细菌战的受害国，我们不但要有充分的战备制品储备，还要有充分的生物技术储备。生物制品关系到千百万人民的健康，生物制品也关系到国家的经济建设和国防安全。生物制品是卫生战线的重工业，是防疫战线的兵工厂。你们就是未来保护国家安全的战士，祖国人民会记住你们的！

听完齐所长上课，大学生们热血澎湃，深受震动，纷纷立志要献身国家的生物制品科学事业。

1952 年，在生产浓缩血清过程中，齐长庆解决了浓缩血清制备中灵杆菌的污染问题，因而研制成功浓缩血清；同年，他还在生产过程中，发现所用的大豆培养基中，存在一种非病原性大杆菌，虽经多次高压蒸气灭菌和反复分离培养检定后，仍不能彻底消灭，影响到正常的制品生产，遂决定从此不再使用这种大豆培养基生产人用菌苗。

齐长庆对于新制品的研制工作极为审慎，小心再加小心。生物制品要应用于成千上万人的身体上，如果制品质量不合格，就会大面积感染健康人群，这就是重大人身事故。1958 年，正是"大跃进"时期，他顶住压力，在人用炭疽活疫苗的研制过程中，坚持要经过两年的实验检验，确保安全有效后，再开始生产制品。

对于生物制品无法避免的个体差异现象，齐长庆认为，对于发生副反应或者死亡的人来说，就是百分之百的副反应，若死亡，也是百分之百的死亡。生物制品人肩负着守护生命健康的重大职责，生物制品的研制工作必须严肃认真。兰州生物制品研究所一直把制品的质量放在首位，质检不合格的制品根本不允许迈出兰州所的大门。

规划兰州所的科研生产方向

"西北有什么传染病，兰州所就应该针对这些传染病来考虑我们的科研和生产规划。"这是齐长庆的总体想法。

甘肃、青海、新疆是旱獭鼠疫疫源地，动物疫情活跃，而且每年还会引起人间散在病例发生。西北广大牧区的牛、羊炭疽严重，时常引起人间炭疽病例发生，甚至偶有暴发流行。西北地区的牛、羊等家畜的布鲁氏菌病对广大牧民和饲养人员也是一种威胁。内蒙、新疆、甘肃和西藏的土拉热同样威胁着当地牧民和驻军的安全。

西北地区还有病毒性传染病，如黑线姬鼠为主要宿主、革螨为传播媒介的陕西肾综合征流行性出血热；以绵羊为宿主、硬蜱为主要传播媒介的新疆欧姆斯克出血热，以及新疆的Q热等。西北经济落后地区，卫生条件很差，边远山区缺医少药，有的地方还有普氏立克次体引起的流行性斑疹伤寒。

齐长庆非常重视这些西北地区的人兽共患病的预防工作，他一直关注肉毒、气性坏疽、炭疽方面的研究，他还有研究鼠疫、布氏菌病、炭疽、出血热、戊肝、土拉热等的想法。

从西北防疫布局考虑，齐长庆认为兰州所应该增加生产炭疽活疫苗、肉毒抗毒素、气性坏疽抗毒素等制品。

1957年，兰州所承担了卫生部规划的研制炭疽疫苗的任务。齐长庆提出由专人负责科研小组，自己为科研人员提供指导和帮助，以此开展兰州所的各项科研活动。

齐长庆提议由董树林负责人用炭疽活疫苗的研究和试制任务。董树林毕业于山西大学，1952年分配至兰州所工作。

炭疽是一种古老的细菌性人畜共患急性传染病，曾经在世界范围内多次发生较大的流行，给人类和家畜带来严重危害。抗日战争时期，日军曾经在中国浙江的金华、宁波、鄞县、衢县，湖南的常德、桃源等地

炭疽试验场景

区施放炭疽杆菌。1952年抗美援朝战争时期，美军在朝鲜和中国辽宁的安东、宽甸等地投放过大量炭疽杆菌，造成多起人间炭疽发病和死亡事件。

齐长庆在1949年前曾有过研究生产炭疽的经验，在指导研制炭疽疫苗的过程中，他帮助科研小组少走弯路，并加强安全措施。由董树林负责，何长民等人参与的科研小组，克服了各种困难，成功通过了动物试验。为了观察人体接种后的反应，董树林和十几名兰州所的同志，自愿报名在自己身上进行人体接种试验，获得了安全验证后，再经卫生部药品生物制品检定所的检定合格，于1958年底，成功研制出人用炭疽活疫苗。

20 世纪 60 年代免疫室工作人员合影

董树林工作场景

　　兰州所生产炭疽活疫苗，开始使用的是苏联菌株STI—1和苏联工艺，后来杨叔雅分离出减毒菌株A16R。齐长庆、董树林和何长民对这两种毒株作了比较实验，发现A16R株遗传稳定，免疫原性更胜一筹。1959年，他们三人在《生物制品通讯》上发表了《人用炭疽菌苗试制研究：菌苗制造用菌种弱毒遗传稳定性试验及菌苗试制研究总结》的论文。兰州所决定改用中国毒株生产炭疽活疫苗，同时建立起《人用炭疽活菌制造及检定规程》，接着长春所和成都所也使用兰州所的规程生产炭疽活疫苗。

　　董树林负责的科研小组，进一步研究，先后成功研制出抗炭疽血清、冻干精制抗炭疽血清、炭疽诊断血清、土拉热活疫苗，生产出预防、诊断鼠疫、布氏、炭疽的成套制品。

王永尧、齐长庆、范志（左起），20世纪70年代摄于兰州所

1958年，新疆察布查尔县的锡伯族中出现了一种未知病，引发多人死亡。卫生部派北京医学院的吴朝仁教授去实地调查情况。吴教授返程途中到访兰州所，齐长庆接待了他，他将新疆发生的怪病告知了齐长庆，他怀疑是肉毒毒素中毒引发的死亡事件，但没有检测试剂，他把这个怪病称作"察布查尔病"，希望兰州所能生产肉毒检测试剂，帮助查明病原。

齐长庆决定兰州所研制肉毒毒素制品，他充分信任王成怀的科研能力，同时给他压了两副重担：研制肉毒制品和气性坏疽抗毒素。

经过选择菌种、菌种检测、产毒试验、抗原制备、动物免疫及精制抗毒素一系列严格的制造过程，1960年由王成怀负责的科研小组成功制造出精制A型及B型肉毒抗毒素，以及A、B、C、D型肉毒诊断血清。

兰州所研制的肉毒诊断制剂，验明了新疆地区的那个怪病"察布查

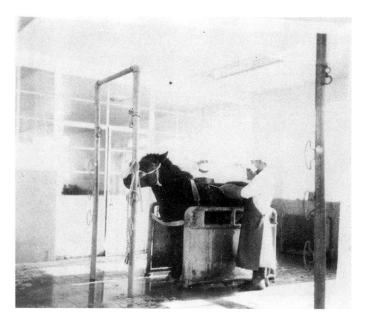

20 世纪 50 年代免疫室工作人员进行马匹抽血

尔病"就是肉毒中毒,还进一步探明新疆早有此病。

1959 年至 1961 年,由王成怀、黄举西、王永尧等开展的"精制 A、B 型肉毒抗毒素的试制研究"荣获卫生部科研一等奖。此后,由王成怀主持的课题组,历时十载,成功研制的预防、治疗、诊断肉毒毒素成套生物制品,填补了中国防疫制品的一项空白。

1959 年,由王成怀负责的气性坏疽抗毒素研究组,生产出第一批冻干精制多价气性坏疽抗毒素。

兰州所的肉毒、气性坏疽这两项工作,之后成为中国的试验中心。

齐长庆亲自负责马匹免疫工作,他指导免疫室主任王永尧做具体工作。1957 年,他们已经观察到免疫马匹的血液中有大量的淋巴细胞、淋巴母细胞和浆细胞,认为这些细胞的产生可能与白喉和破伤风抗毒素抗体有关。英国病理学家 J.L.Gowans 于 1959 年也发现了淋巴细胞的功能。

20 世纪 50 年代兰州所的实验动物室兔场

　　1957 年，齐长庆和王永尧在《生物制品通讯》上发表了《苏联白喉及破伤风马匹免疫法与兰州所现行免疫法之比较》的论文。

　　1958 年，兰州所开始在甘肃和政县筹建大型牧场，由范志负责，建成马厩 40 多间，完成采血室部分工程，主要用于血清抗毒素生产。

　　齐长庆有 30 多年丰富的血清抗毒素生产经验，在他的指导下，通过采用小剂量、多部位免疫程序，兰州所的马匹免疫血浆单位一直保持着国内外的领先水平。兰州所抗毒素的制备工艺也由原制、浓制再到精制，稳定扎实地提高了质量。

　　1963 年 2 月，全国医学科学工作会议在北京召开，会议总结了全国医学科学工作的成就和经验，并制定了 1963 年至 1972 年国家医学科学技术发展规划纲要。根据卫生部的部署，兰州所承担了 30 个课题的研究任务。

齐长庆非常重视新制品的研制，同时努力增加品种，为防止浪费，适度扩大生产。研制生产诊断用品的工作，费力大，收益少，大家对这种费力不讨好的工作都不愿意搞，但从国家和人民的长远利益出发，齐长庆安排人力、物力，强化了这项工作，兰州所由仅生产康氏抗原和八种诊断菌液，增加到生产肠道菌诊断血清 12 种、沙门氏菌因子血清 36 种、痢疾杆菌因子血清 29 种等，不断增加的诊断用品，满足了西北地区军民的需要。

1952 年至 1965 年期间，全所投产的新制品为 29 种。兰州生物所生产的各种菌苗、疫苗、血清、诊断用品除满足西北地区群众和部队防病治病的需要外，还支援了兄弟所的需求。

1965 年底，全所有职工 530 人左右，完成工业总产值 699.89 万元，实现利润 169 万元。此时的兰州所，早已超额完成了齐长庆最初设想的三三计划。

1966 年，随着卫生部兰州生物制品研究所规模的不断扩大，机构不断完善，职工队伍已发展到 546 人，其中有主任技师 5 名，技师 67 名，技士 75 名，技术员 20 名，工人 324 名，干部 55 名。

中国第一部实验动物规程

1919 年，齐长庆在北洋政府中央防疫处开始负责管理实验动物。由于小鼠广泛应用于生物制品的研究工作中，他首先在中国开始饲养繁育小鼠。1925 年，他从日本带回豚鼠，进行饲养和繁殖。多年的实践经验，使他积累了一套实验动物的饲养和管理方法。

20 世纪 50 年代兰州所建设的马厩

　　20 世纪 50 年代，在新所扩建中，全国六个生物制品研究所都建成了主要供本所使用的实验动物繁殖场所。北京所的实验动物房占地面积 200 亩，动物房有 16 栋。兰州所和上海所为节省地皮，便于管理，建成 2000 多平方米的动物楼房。

　　当时饲养的小动物主要有小鼠、大鼠、豚鼠和家兔。饲养动物使用的饲料是由玉米面、麸子、豆面，添加骨粉食盐，再用牛奶拌面蒸糕制成。投喂小鼠和大鼠时，直接用混合粉或者颗粒饲料，加上麦芽和水。对于豚鼠和家兔，需再添加苜蓿草、胡萝卜或麦苗。后来，为了防止饲料发霉发酵，还将饲料烘干制成块料。饲料营养不均衡，属于粗放式喂养方式。

　　齐长庆认为中国实验动物科学急需发展，实验动物领域急需集思广

全国血清生产、马匹免疫、大小动物管理经验交流会议 1964 年 9 月在兰州召开

益，确立科学的发展方向。齐长庆首先向生物制品委员会建议，召开实验动物经验交流会，很快委员会批准了这一提议。

1957 年 8 月 5 日至 14 日，在兰州生物制品研究所召开了生物制品系统的血清、免疫、大小动物饲养管理经验交流会，这是中国召开的首次实验动物饲养管理经验交流会。

这次小动物饲养方面交流的主要内容有：动物房的建筑设计、饲养管理和疾病预防的经验教训，并讨论了小动物饲养管理规程。

在交流会开幕式上，齐长庆以学术委员会兰州所分会主任的名义做了报告。报告中对实验动物科技的发展方向提出了自己的看法。他认为实验动物工作有许多科学问题尚需大家投入很多精力来研究解决。

他概括出四个方面的问题：

1. 小动物品种强化及品种改良问题；

2. 小动物的饲料营养问题；

3. 小动物流行病预防问题；

4. 小动物的繁殖问题。

基于此四项问题，根据国家提出实验动物标准化和与先进国家接轨的要求，参考学习了各国的先进经验，又根据中国的实际情况，齐长庆主持起草了中国第一个小动物饲养管理条例。在这次交流会上，该条例被与会人员讨论并一致通过。

1958 年 4 月，小动物饲养管理条例经卫生部批准，定名为《小动物饲养管理试行规程》，被纳入《生物制品规程》执行。规程包括了小鼠、豚鼠和家兔三种动物。其中具体内容有：小动物的健康要求；饲养管理和繁殖方法；小动物常见病和诊断、预防、处理方法；全价营养饲料配方；实验动物房规则等。《小动物饲养管理试行规程》是中国第一部实验动物饲养管理规程，它为实验动物科学工作奠定了基础。

卫生部批准的《小动物饲养管理试行规程》，对动物设施提出了要求，包括保温、防蝇、有防野鼠设备、空气流通、有上下水等，在炎热地区，设置降温设备。各所需按此要求修建饲养场。武汉所根据此规程，在豚鼠饲养间添置了降温设备。该规程对于实验动物的健康标准，也作了规定。

随着各所生产和科研的发展，对动物的数量和品种有了新增的需求。此时，正值三年经济困难时期，饲料品种不全，动物饲料限量供给，动物所需的各种条件，特别是温度也无法保障，此时实验动物的数量减少、体质变差、疾病增多。

此时，兰州所马匹因饲料减少为四斤，且品种单一，马匹健康水平不断下降。由于马匹体重严重下降，很多马匹倒卧不起，甚至死亡，形势越来越严峻。

兰州所党政领导多次开会，研究保护马匹的措施，决定由领导亲自进马厩检查马匹的饲养管理工作，加强马匹保温和病马治疗，对于个别马匹个别对待，设立"马匹病号饭"，延长马匹的休息时间，减少采血次数和数量，停止免疫马匹等等，解决了马匹存在的问题。

小动物的饲料也不够，青饲料缺乏，冬季取暖条件差，豚鼠咳嗽，患上肺炎，大量死亡，最严重时，一日死亡100多只，生产受到严重影响，血清生产减少，部分制品例如百日咳、白喉疫苗等推迟生产供应。

1960年，因粮食供应紧张，营养不良的职工患上了肝病和浮肿病。兰州所发动职工利用星期天和工余时间，开垦荒地160亩，种植蔬菜和粮食。为了帮助职工度过灾荒，兰州所决定成立农业生产专业队，从和政牧场和本所内抽出46人，长期从事农业生产。

1961年，全所耕种土地495亩，在和政牧场耕种土地330亩，种植粮食作物300多亩、土豆100多亩、油料作物20多亩，其余种植蔬菜，获得了大丰收。

兰州所党政领导改进食堂管理办法，大力改善职工生活，同时补贴职工生活，帮助他们渡过难关。粮食的丰收，也解决了大小动物饲料不足的问题。

1964年9月7日至15日，兰州生物制品研究所召开了全国血清、免疫、大小动物饲养管理经验交流会，与会代表52名。参会人员根据

20世纪50年代兰州所的实验动物楼

各自动物饲养管理方面的具体经验和教训，进一步讨论、修改和完善规程。

与会代表认为，实验动物为生命科学做出了贡献，科研人员要考虑动物的需求。在饲养和管理动物的过程中，努力改善条件，善待动物。

兰州生物制品研究所的实验动物成为西北地区的供应中心，主要供应西北地区的生产科研单位、医疗单位，还给这些单位做生产和繁育的技术指导。

劫后重生

1958年，在整风运动中，各地提出了对地方主义分子、民族主义分子、右派分子及右倾机会主义分子做斗争。很多地方的领导干部被定为

齐续晃（右一）和母亲赵惠臣（坐）、妻子高德宜（右二）及姐姐齐续忱（右三）、妹妹齐续昱（左二）、弟妹郭琪英（左一）及弟妹的女儿齐璐（前排左一）和齐珊（前排左二）合影，1955 年摄于北京

右派集团、右倾集团。毕业于南开大学的齐长庆的长子齐续晃，此时在邯郸峰峰矿务局工作，不知何故也被打成了右派分子，被送到天津塘沽的一个劳改农场劳动教养。全家人连带受尽了各种磨难。

1966 年，家里唯一的共产党员，在北京一中工作的六儿子也变成了修正主义分子，进了劳改队。曾当过刑侦警察的五儿子受北京家人委托赶到兰州，报信给父亲，请他拿主意："北京千竿胡同 5 号的家已经被抄了。"来了之后，这才发现父亲这里的状况更糟糕。

1966 年 5 月，兰州所开展的揪斗牛鬼蛇神运动，使所内的专家和部分干部、群众都受到不同程度的伤害。

"屋漏偏逢连夜雨"，8 月 8 日，一场突如其来的山洪大暴发。兰州所的后墙，在怒吼的狂风和奔腾的洪水中，顷刻坍塌，黄色的浊浪冲进地下机房、锅炉房、兔场、托儿所……

洪水来袭，人们惊慌失措，在湍急的水流中挣扎求生。白旭贞也被洪水卷走，千钧一发之际，一扇门板突现眼前，她死死抓住门板，洪水呼啸而过，一团黄色的硬如钢铁的洪流，碾压过她的身体，令她无法呼吸，脑子里一片空白，唯有坚持的手臂硬挺着她，一直到她狼狈地瘫倒在淤泥里。白旭贞侥幸逃生。

不幸的是，有 15 位职工在这次灾难中丧生。人们找到了所有死难者的遗体，把他们集体安放在一处，所内很多职工流着泪，默默前往吊唁。这次洪灾对兰州所造成经济和精神重创，职工许久无法平复心中的伤痛。

1967 年 1 月，受到由张春桥、姚文元指挥的，以夺取上海市党、政、财、文大权为开端的"一月风暴"的影响，兰州所的造反联络总部实施了夺权行动，致使兰州所的生产科研活动受到严重破坏。

即便如此，兰州所上半年还是在全体职工的努力下，超额完成了精制白喉抗毒素、原制破伤风类毒素、锡克氏液、百日咳白喉混合制剂、炭疽活疫苗、冻干布氏活疫苗、冻干划痕卡介苗等制品的生产计划。霍乱疫苗和冻干人用狂犬病疫苗接近完成全年计划。当年还生产了新制品：灭活卡介苗和冻干精制气性坏疽抗毒素。

在这个特殊时期，兰州所的调查工作也没有停滞不前：派人前往甘肃省灵台县，对当地百日咳流行情况进行调查；派人到青海调查肉毒中毒事件并分离毒种；在宁夏银川对吸附精制破伤风类毒素和耐热布氏疫苗接种反应情况进行实地观察；在甘肃皋兰县对斑疹伤寒破伤风新三联疫苗注射反应进行观察；赴甘肃古浪县对卡介苗接种后的阳转率情况进行调查；到内蒙古对炭疽病例和炭疽芽孢菌苗的接种反应进行观察；还派技术人员到江西上饶、陕西澄城等地进行炭疽流行病学调查。

1967年12月，经兰州军区支左办公室批准，成立了兰州生物制品研究所革命委员会，杨清峰任革命委员会主任，刘加富（干部代表）、李国正（解放军代表）、李桢（工人代表）为革命委员会副主任，革委会下设政工组、民保组、行政生产办公室。各生产科室成立了九个革命领导小组。至此，革委会完全停止了齐长庆的工作。

1966年5月至1976年10月的"文化大革命"，使党和国家蒙受了巨大的创伤，人民群众的生产生活也经历了严重的灾难，"四大"（大鸣、大放、大字报、大辩论）在"文化大革命"时期开始泛滥起来，造成了严重的恶劣影响。

兰州生物制品研究所的专家、干部、技术员等近百人遭到错误的批判，所内团结合作、积极向上的工作环境受到损害，特别是在"清理阶级队伍运动"中，严重地伤害了很多干部和群众。在此期间，兰州所也遭受了一场空前的浩劫，科研和生产受到很大冲击。1965年底，全所共有职工530人左右，完成工业总产值699.89万元，实现利润169万元；1976年，全所职工为734人，完成工业总产值565万元，实现利润138万元。十年之久，产值和利润未增反降。

齐长庆自然是在劫难逃，他可以说是五毒俱全："资产阶级反动学术权威"、"齐家店老板"、"白专道路"、"技术第一"、"利润挂帅"，批判、揪斗、挨打、抄家、被关牛棚接踵而来。

一日，小女儿小恪来看父亲，一向性格坚毅的老人，流着泪，只说了一句话："爸爸今天挨打了！"小恪深知父亲视名誉为生命，为防不测，

齐长庆和白旭贞，1972 年摄于兰州雪后

家人采取各种方式保护他。

齐长庆被关进牛棚，夫人白旭贞借着每天送水的机会，把牛奶灌入军用水壶里，悄悄替齐长庆补充营养。

兰州所宣布停发齐长庆的工资，改为每月发放生活费。小恪的存款，也被兰州所通知银行冻结。即便如此，白旭贞还是买来价格不菲的鸡蛋为齐长庆补充营养。

后来，老两口被赶至一间不大的平房里居住，这里原先是仓库。妻子白旭贞里出外进，张罗着将居住的库房粉刷一新，指挥着女儿小恪和女婿，将破烂的顶棚用白纸糊了一遍。整个库房，顿时整洁、明亮了起来，从库房后窗射进来的阳光，也变得明媚动人。

某日，兰州所的某人，从库房后窗跳入齐长庆的屋内，逼要钱物。一向温文尔雅的白旭贞，"啪"的一声，拍案而起，怒斥此人道："你知道君子是什么样的吗？你知道君子处世，瓜田不纳履，李下不整冠吗？"那人在文绉绉的叱责声里，意欲夺门而出，突然又调转身子，亡命般地翻窗逃走。

磨难中，总有些亲近的力量支持着齐长庆。儿子小春在外地工作，他的同学每周会送来一本书给齐老伯解忧。早年就喜欢博览群书的齐长庆，在北京家中收藏了很多线装书，年轻时的他喜欢读梁启超的《饮冰室文集》。妻子白旭贞的干女儿也派她的丈夫张有若来家中探望二老。

兰州所里，还有一批有良知的干部和群众，他们用自己的方式，明里暗里保护着老所长。有位人事干部面对压力，推托说："老所长年龄大，身体差，不宜再揪斗，不要再关了！"有的工人更是无畏直言："岁数这么大了，打死了你负责？"

就这样，兰州所安排齐长庆做些较轻的活儿——打扫卫生。接受劳动改造的齐长庆，戴着白纱布口罩和一顶深蓝色解放帽，穿着一身蓝布衣裤，每天挺着腰板，认真地清扫家属院里的马路。

善良的人们，温暖着老人的心，也使他更加坚定，自己不能死，自己的历史是清清白白，也说得清楚的，自己自始至终是和人民站在一起的，自始至终在为国家工作，他相信总有一天一切会尘埃落定、水落石出。在这场暴风骤雨般的运动中，正是由于这些好心人的帮助，齐长庆才躲过了更大的伤害。

1970年夏，齐长庆的小女儿小恪正纠结一件事儿，她在陕西婆家生下女儿，女儿在婆家一直待到了半岁，刚刚由孩子的姑姑送回兰州，半岁的女儿见人就哭闹，害得婆家人得罪了不少人。小恪犹豫是否应该抱着自己的女儿去见父亲，不见情理上说不过去，见了又怕女儿哭闹，父亲正处于艰难时刻，这会令他更加堵心。考虑来，考虑去，小恪还是决

齐长庆和白旭贞，1973 年春节摄于北京

定抱着女儿去见父亲。不可思议的是，小孩一见姥爷，居然一反常态，冲老人乐了，姥爷瞧着外孙女，也"噗嗤"一声乐了，说："看来，我死不了了！"

1972 年，根据毛泽东关于解放干部的意图，主持中央日常工作的周恩来总理加快了"解放"干部，落实干部政策、知识分子政策的进程，许许多多受迫害的干部陆续获得解放、恢复工作。10 月 1 日《人民日报》、《解放军报》、《红旗》杂志联合发表了由周恩来主持起草的题为《夺取新的胜利》的社论。社论提出：要"加快社会主义建设的步伐"，"继续落实毛主席的干部政策、知识分子政策、经济政策等各项无产阶级政策"；"要提倡又红又专，在无产阶级政治统帅下，为革命学业务、文化和技术"。

在中央的倡导下，很快国家落实了一批高级知识分子的政策。1972年底，齐长庆和白旭贞回到了阔别已久的北京，在 1973 年的早春二月里，在北京新华胡同简陋的小院里，两人的笑容温暖如春。

第八章

灭天花——传奇"天坛株"

"天坛株"的守护神

1973 年齐长庆暂居北京，他很想念一个人，这个人也很思念他。

这个人来了，白发染鬓，衣装朴素，他就是李严茂。

看着学生李严茂，齐长庆不禁感慨道："1920 年我招你入中防，你呐，还是青春少年，一晃眼儿，半个世纪过去了！"

李严茂微笑道："可不，我和老师您相识 50 多年了！"

感慨之余，师生的话语流转于抚今追昔之中，往事如一只飞舞的仙鹤，翩跹而至：

24 岁风华正茂的齐长庆和庞敦敏，在中央防疫处第三科痘苗股，使用日本痘苗毒种成功生产出痘苗（天花疫苗），上市销售，大受民众欢迎。一战成名的痘苗股急需人手，中央防疫处指派齐长庆任主考官，招考技术生。在择优录取的十名小学毕业生中，就有李严茂。自此，李严茂师从齐长庆，开始学习痘苗的制造技术。

1926 年，齐长庆成功创建了中国天花疫苗毒种"天坛株"，从此"天坛株"就有了一部传奇史。

1935 年 9 月，齐长庆任技正代理蒙绥防疫处处长，他离开了中央防疫处，他的学生李严茂，在中央防疫处第三科痘苗室里，已经在老师的训练下，成为生产"天坛株"天花疫苗的一把好手。

1935 年冬天，中央防疫处奉民国政府卫生署之命，迁往南京。在这次南迁途中，李严茂肩负一项重要任务：携带和保管"天坛株"。李严茂在这支南迁的队伍中，随身只携带两样东西："天坛株"和高倍显微镜。

齐长庆（左）和李严茂（右），1973 年摄于北京

李严茂很自信，只要有这两样东西，他就能生产"天坛株"天花疫苗。

1937 年 8 月，日军开始轰炸南京，中央防疫处又奉命继续内迁湖南长沙。这次，李严茂的任务还是携带和保管"天坛株"。1937 年 9 月至1938 年 5 月间，中央防疫处在长沙使用"天坛株"，传牛六代，继续生产天花疫苗。

随着时局动荡，长沙又多次受到日机的轰炸，中央防疫处开始向西南方向撤退。李严茂再次护着"天坛株"毒种，途经贵州，历尽艰难险阻，向着昆明艰辛跋涉。途中遭遇炎热天气，无冷藏设备时，为避免"天坛株"毒种因高温而失去活性，李严茂便将装有"天坛株"的玻璃瓶密封后放入水井中，以凉爽的井温，保存毒种。1938 年 7 月，他们终于抵达昆明，随即用"天坛株"毒种，使用新工艺，用乙醚灭菌法，开始在昆明继续生产天花疫苗，供全国军民使用。

抗战期间，"天坛株"辗转运输各地，运输和存储条件不佳，即便如此，当运至高温地区，条件不容许放置于冰箱之内时，其效力也并未减弱，除因自身性能优良外，"天坛株"的忠诚守护神李严茂也功不可没。

1942 年，在中国战场作战的盟军发现疑似天花病例，经过调查，他们怀疑可能是使用了失效的天花疫苗。盟军当时使用的疫苗几乎全部来自英美两国，除了天花疫苗。天花疫苗，无法长时间保存，长途运输不便于保证其免疫效力，因此盟军就近使用了印度生产的天花疫苗。

发现疑似天花后，盟军就要求中央防疫处将印度天花疫苗和汤飞凡等人用乙醚灭菌法生产的"天坛株"天花疫苗，进行了对比试验。中防从印度 Haffkine 研究所得到了印度生产天花疫苗用毒种，经李严茂等人的对比实验，发现"天坛株"比"印度株"更胜一筹，而用"天坛株"生产的中国天花疫苗也比印度天花疫苗的免疫原性更好。此后，盟军改为接种中国的"天坛株"天花疫苗预防天花。

普种"天坛株"天花疫苗

旧中国虽然也实行义务种痘，但没有真正控制住天花的流行，那时中国人的种痘率并不高，1946 年曾是种痘率最高的一年，全国也仅有 700 万人次接种天花疫苗。"天坛株"在那时并未真正发挥它应有的威力。

新中国建立之后，消灭天花是中央人民政府面临的一项具有挑战性的艰巨任务。1950 年中国人口有五亿五千多万人。据统计，1950 年 1—8 月，中国有 44211 例天花患者，这一年死亡的人数有 7765 人。1951 年有天花患者 61462 例，死亡 12509 人。天花在中国流行，形势极为严峻。

1950 年 8 月，中央人民政府卫生部和军委卫生部联合召开了第一届全国卫生工作会议，卫生部长李德全确定了对天花等危害人类健康的疾病以"预防为主"的卫生工作方针，以服务人民大众为前提，发动人民群众对疾病做斗争。同时，会议又提出要组织普种天花疫苗以控制天花的流行。

关于如何开展发动人民群众预防天花的工作，核心问题实际上有两点：

一是人民群众需要接种天花疫苗；

二是国家需要有好的免疫接种措施。

1950 年 10 月 7 日，中央人民政府政务院发布了周恩来总理签字的《关于发动秋季种痘运动的指示》，该指示要求全国实施普遍种痘。当时，中国经济还很困难，但为了不给同样生活困难的人民群众增加负担，政府决定实施全民免费接种天花疫苗的措施。

1950 年 10 月 12 日，卫生部发布《种痘暂行办法》，规定婴儿在出生后 6 个月内即应初次种痘，届满 6、12 及 18 岁各复种一次。

同年，卫生部又发布《交通检疫暂行办法》，规定发现天花传染病患者时，应由交通检疫部门隔离、留验或送当地传染病医院处理。

1951 年，召开了全国第一届卫生防疫工作会议，提出了卫生防疫工作以防治危害人民生命健康最大的天花、鼠疫、霍乱为重点。

国家预防天花的全民普种措施出台了，但还需要有好的天花疫苗来实现预防目的。当时，卫生部各生物制品研究所使用不同的毒种生产天花疫苗，有中国"天坛株"毒种，还有日本和英国毒种。鉴于此种情况，

1951 年，中央人民政府卫生部生物制品检定所召开了第一次生物制品工作会议，会议决定全国生物制品研究所统一使用中国"天坛株"毒种生产天花疫苗。

卫生部规划要在 3～5 年内实现全民普种天花疫苗，并且要求 1951 年中国各地完成 1/4 人口的接种任务。1952 年要求完成种痘人数二亿六千万人。

中国各地响应国家政务院和卫生部的号召，动员全国人民行动起来，开展全民种痘运动。公立、私立医院，中医、西医、妇幼保健站、卫生院种痘人员，全都加入到这场全民种痘运动中。全国人民逐门逐户配合种痘。

中国各级卫生防疫部门，也加强了对天花病人的管理和疫情报告制度。发现天花患者后，立即按照管理办法采取隔离、护理、救治，对病人接触过的物品，要进行消毒处理，和病人有接触的人员，也要留下检查。对于疫区，实行封锁，在疫区周围一定范围内应急种痘，彻底扑灭天花疫情。

1949 年北京流行天花，255 人患病，死亡 109 人，北京提出三年内消灭天花。当年北京接种了 31 万人，1950 年 5 月前，80 万人接种了疫苗，接种率 80% 以上，此后北京再无天花出现。

1950 年秋天，上海暴发天花疫情，12 月底，出现 516 名天花患者。1951 年 1 月的上海，天花病例人数报告 958 例。1952 年 2 月 5 日，上海全市有 1620 名天花患者，形势极为严峻，大有疫情蔓延的趋势。1952 年 2 月 14 日，上海市政府改变种痘策略，实行普种天花疫苗计划，之后出台了《上海市普遍种痘实施办法》。上海市各界响应号召，建立 1319 个种痘站，从 3 月开始种痘，至 8 月，种痘人口达 95% 以上，迅速控制疫情。7 月 26 日之后，上海无新增天花病例。上海市通过全民动员，实现了全民免疫，天花在上海被彻底消灭。

1950年，全国约6400万人接种天花疫苗。1951年底，全国已有约3.05亿人接种了天花疫苗。1952年，全国各地接种天花疫苗的人数达到五亿六千多万人，约占全国总人口的88.9%。除了少数边远地区外，全国大部分地区已经基本完成普种工作。

从中央到地方各级政府和卫生部门坚持科学的免疫策略和实施有效的管理办法。通过全民普种天花疫苗，全国大部分地区的种痘率均超过90%，天花的病例大幅度降低，由1950年的43286例，大幅下降到1954年的847例。1954年，中国各大城市已无天花病例，有的省份零病例报告。

在这场中国消灭天花的全民动员、全民响应的阻击战中，在政府强有力的组织下，再次证明"天坛株"毒种具有稳定的免疫效果。大显神威的"天坛株"天花疫苗，为中国早于世界16年消灭天花奠定了基础。

销毁"天坛株"

20世纪50年代，新中国开展了向苏联的全面学习，既有政治理论上的学习，也有科学技术、生产经验和管理模式上的学习。

1954年，在当时向苏联学习的政治形势下，卫生部生物制品学习苏联法规委员会，指定在北京生物制品所举办"牛痘苗苏联法规学习班"，由北京生物制品研究所和检定所负责主持。全国卫生部六大生物制品研究所（北京、上海、长春、兰州、成都、武汉）及卫生部生物制品检定所均派人员参加，经过半年的学习与实践，在学习班的总结报告上，负责人要求今后全国全部使用苏联"莫洛佐夫"毒种，以苏联规程为标准，依照学习班制订的工艺细则进行痘苗（天花疫苗）生产。

主管部门要求各生物制品研究所不折不扣地学习苏联技术，不要留恋过去的老工艺和老毒种。为了使大家彻底学习苏联经验，宣布各生物制品研究所仅能保存苏联"莫洛佐夫"毒种，不得保存其他毒种，于是卫生部六个生物制品研究所先后将自己保存的其他毒种全部销毁，包括全部销毁了"天坛株"毒种。

作为兰州生物制品研究所所长，齐长庆也派出兰州所的技术人员，学习了苏联天花疫苗的生产工艺，现在由他亲手销毁自己创建的"天坛株"毒种，说实话，内心的确不忍，但是身为领导干部，他必须不折不扣地执行卫生部的决定，"天坛株"毒种在兰州所也被销毁。

1955 年起，卫生部六大生物制品研究所，均使用苏联"莫洛佐夫"毒种生产天花疫苗。1956 年，各所总结学习苏联的经验，大家还是直言不讳地指出用苏联方法生产天花疫苗可以增产，质量也有保证，但也存在无法回避的问题，比如，杂菌数与致病菌难以控制，接种小儿时，常出现子痘等问题，小儿接种反应大，孩子家长的意见也大；此外接种后，天花病还时有发生。1957 年，天花在新疆、云南、四川部分地区流行。1959 年，新疆、云南、四川发现病例。

1960 年，莫斯科突然遭遇天花流行。莫斯科的突发疫情马上引起了全国六大生物制品研究所的注意，此时，中国使用苏联"莫洛佐夫"毒种已有四年。同年，在各所天花疫苗生产经验交流会上，大家一致对"莫罗佐夫"毒种的免疫效果提出质疑，认为苏联株有其问题。

齐长庆被紧急叫到了北京，参加天花疫苗经验交流会，到会的还有他的学生李严茂。参会同志要求齐长庆和李严茂谈谈，"莫洛佐夫"和"天坛株"究竟哪个好？这种事情，当然得用科学的办法来解决，有的人建议应该对中国"天坛株"毒株与苏联"莫洛佐夫"毒株进行比较实验，大家觉得不应该全盘否定"天坛株"，然而当时人人都心知肚明，这也不过是一个令人遗憾的提议而已，明摆着嘛，各所已经按照上级指示全部销毁了"天坛株"毒种。

正当齐长庆和大家一样沉默不语时，突然有一个人开口了："我可以提供'天坛株'供大家研究使用。"

20世纪60年代，齐长庆摄于兰州

初闻此语，众人难以置信，错愕间，目光全部聚焦于北京生物制品研究所痘苗室主任李严茂身上，他就是那个发声人。

有人忙不迭地惊问李严茂："怎么回事？怎么回事？"

李严茂板着脸，回道："我认为'天坛株'已经使用了 30 年，预防天花的免疫效果显著，应该保留'天坛株毒种'，它对研究工作肯定会有用途。"

齐长庆不禁替学生李严茂捏一把冷汗，这可是反对上级学习苏联的指示，对于他个人而言，风险巨大！

李严茂望着同志们喜忧参半的眼神，继续严肃地说："在低温冷库里，我用牛皮纸包了两瓶'天坛株'痘疱，藏在了一个角落里。"

"天坛株"就这样又神奇地回到了科研人员的手中。

各个生物制品研究所比较研究了苏联"莫罗佐夫"毒种与中国"天坛株"毒种的免疫原性和反应性。还采用了国际参考毒株 Lister 株，公认的强毒株 Danish 株，以及公认的弱毒株 EM—63株为对照，进行动物感染试验。实验最后的结论是：

"天坛株"的免疫原性最好，动物试验的免疫反应性接近强毒株，初种小儿的反应与"苏联株"无区别，"苏联株"子痘发生率高于"天坛株"。

经过这场风波之后，各生物制品研究所重新使用"天坛株"生产天花疫苗。

1961 年开始，北京生物制品研究所由赵铠负责，在成都、长春生物所的协助下，使用"天坛株"毒种，研制鸡胚细胞培养天花疫苗。历时三年，成功研制出鸡胚细胞培养天花疫苗。经过实验室检定及小儿接种观察，该天花疫苗与牛体天花疫苗相比没有差异，然而生产成本大幅度降低，由于是无菌天花疫苗，质量还得到了提高。

1962 年，卫生部又修改了种痘办法。除规定婴儿仍在出生后 6 个月

齐长庆与三哥齐长寿（中）、四哥齐长增（右）合影，1962 年摄于北京

内初种外，对于其他年龄人群种痘，是以省（市、区）为单位，将全国划分为东北、华北、华东、中南、西北、西南六大片，每年以片为单位，轮流普种，每片隔 6 年普遍种痘一次，以维持全国居民抗天花的免疫力。中国政府同时也加强了海关检疫和疫情监测，对于天花暴发点，采取环形包围种痘的策略。

同年，齐长庆到北京参加全国政协第三次代表大会，同时列席了第三届人民代表大会的有关会议，受到党和国家领导人的接见。

齐长庆在北京开会期间，恰巧赶上两位哥哥的阴历生日：4 月 11 日，三哥齐长寿 81 岁生日；4 月 12 日，四哥齐长增 70 岁生日。他们哥仨为此聚在一起，67 岁的齐长庆为两位兄长庆祝了生日，三人还一起照了张庆生合影。

这次齐长庆到北京出差，他在思想上已经做好了退休的准备，想着要与自己倾心投入的生物制品事业分开，内心真是恋恋不舍，也许真是人老多情吧，珍爱兰州所的他，对所内人员最严厉的批评，也只有三个字："不爱所！"

还像往常一样，李严茂见到了老师，平时话不多的两个人，溜溜达达地在北京西单北大街上边走边聊。齐长庆告诉李严茂，自己可能快要退休了，以后见面的机会反而多了，说话间，欧亚照相馆闯进齐长庆的眼帘："严茂，咱俩照张相吧。"

师生二人，一前一后，走进照相馆，在照相师傅的热情招呼声中，性情严谨的二人，在快门声中，收敛笑容，一张神情严肃的合照立时诞生。

1964年，兰州所在陕西和甘肃防疫站的配合下，对两省进行了268.24万人接种天花疫苗的反应调查。

1965年，兰州所与陕西省卫生防疫站，及卫生部各生物制品研究所，

李严茂（左）和齐长庆（右），1962年摄于北京

20世纪60年代，兰州所职工合影

共同在宝鸡地区进行了159万人的中国、苏联毒种异常反应调查。兰州所还与兰州市卫生防疫站进行了26191人苏联毒种不同处理方法生产天花疫苗的反应调查，写出中国、苏联毒种生产天花疫苗人体接种、反应观察报告。

通过以上调查，进一步证实了中国"天坛株"天花疫苗优于苏联"莫罗佐夫"天花疫苗。

全世界消灭天花

1955年6月1日，经国务院批准，卫生部发布实施《传染病管理办法》，天花被列为甲类传染病，并规定："发现甲类传染病及其疑似病人时，应用最快的办法逐级向卫生防疫站报告。对传染病要做到早发现、早隔离、早治疗，及时处理疫区，就地扑灭疫情。"中国由此制定了紧急防治管理办法，并逐步建立了从中央到地方的防疫体系。

1958年和1959年，因边境居民交往频繁，云南省孟连县和沧源县暴发了境外传入的天花疫情。孟连县发病人数为332名，死亡59人；沧源县发病人数为672名，死亡96人。疫情虽很快被扑灭，但建立我国边境线的免疫防护带，阻断天花病毒的入侵也迫在眉睫。

1959年12月，缅甸境内的班岳寨有天花流行。班岳寨一名9岁女童感染后，于出疹期，随父到中国云南思茅地区西盟县傣革拉寨的舅舅家探亲，将天花传染给寨内11岁女童，该女童又外出到永丙寨探亲，引起该寨五人发病，由此途径，于1961年传到西盟县南亢寨，引起一名23岁的名叫胡小发的拉祜族男性患病。

也就是1961年，为防范境外输入天花，中国在云南靠近边境50公里的范围内，为加强免疫，对当地居民实行了三年普遍种痘一次的措施。中国在云南、西藏、广东、广西等地，建立起边境天花免疫带。

1961年6月，随着思茅地区西盟县南亢寨的胡小发痊愈出院，中国境内再无天花病例发生，这是中国境内最后一例天花病例。

自1950年至1961年，中国进行了三次强制性全民种痘和两次接种行动，向5亿多人口，发放了18亿天花疫苗制剂。自1962年之后，中国每隔6年仍然要普种一次天花疫苗。

1960年以前，天花还在世界上31个国家流行。每年有1000万～1500万人受到感染，其中约200万人因天花而死亡，生还者往往留下毁容的麻脸，或者导致失明、失聪、面瘫。

1966年世界卫生组织（WHO）提出各国加强合作，提高疫苗接种密度，根除全球天花流行的倡议。当时在发达国家已无天花发生，只有非洲少数国家和欠发达国家仍有天花存在。

中国正式宣布消灭天花之后，在 70 年代初，又出现过几次天花疫情的报告，实际是医生把水痘误诊为天花。

谈起这些误诊报告，齐长庆对兰州生物制品研究所的科研人员说："有些年轻医生，没有见过天花病人，这倒也能理解为什么他们会出现误诊的情况。"

他又进一步解释了什么是天花："天花的特点是首先在面部和四肢的裸露部位发疹，尤以面部居多。天花痘疱的常见特征为中央凹陷如脐状，称为'痘脐'，它可以与水痘或者其他脓疱相鉴别。"

他借机劝导年轻的生物制品工作者们："欲要认识一种事物，必须亲力亲为、不辞辛苦地深入探究，才有可能彻底搞明白事物的来龙去脉。"

1977 年 10 月，全球最后一例天花，发生在索马里的梅尔卡（Merka）市医院，患者为 23 岁男性炊事员。

1979 年 10 月之后，全球未再发生新的病例，世界卫生组织在肯尼亚首都内罗毕宣布全球天花绝迹。

为了证实中国的天花真正灭绝，1979 年卫生部组织专家前往云南和西藏自治区调查，以确认这些在 20 世纪 60 年代初期有天花疫情报告的地区，是否彻底消灭了天花。

在云南省昆明市以及孟连、澜沧、西盟和沧源县调查了 46365 人，有 1639 名为麻脸人，年龄均超过 22 岁；云南调查种痘疤痕 73820 人，其中 91.53% 痘疤阳性，20 岁以上者占比 93%。

在西藏拉萨市，以及日喀则、山南地区调查了 15661 人，有 125 名麻脸人，年龄均超过 20 岁；西藏种痘疤痕调查了 15661 人，88.5% 痘疤阳性，20 岁以上者占比 91%。

此次调查结果，再次证实中国确实于 60 年代初就消灭了天花。

1979 年 10 月世界卫生组织全球扑灭天花委员会主席芬纳（F.Fenner）同其总部天花消灭科的流行病学医师布雷曼（J.Breman）来中国调查消灭天花情况。他们听取了中国的情况汇总，调查了麻脸和痘疤率，再次确认中国自 1961 年最后一例病例之后，近 20 年间未出现天花病人。

1979 年 12 月第二次全球扑灭天花证实委员会全体会议确认，中国已经彻底消灭天花。

1979 年 12 月，在日内瓦 WHO 总部，召开了全球消灭天花证实委员会会议，最后确认天花已在全球消灭，章以浩委员（北京生物制品研究所所长）代表中国政府在全球消灭天花证书上签字。

1980 年 5 月 8 日，WHO 第 33 届世界卫生大会，World Health Assembly（WHA）正式向全世界宣布全球已消灭天花，天花疫苗生产随之停止。

1981 年，中国宣布停止接种天花疫苗。

齐长庆在中国这场歼灭天花的伟大战斗中，以"天坛株"驱魔之剑，助力中国早于世界 16 年消灭天花（依据中国和世界最后一例病例发生时间）。齐长庆作为一名志在斩除天花恶魔的先行者和参与者，在新中国人民政府的领导下，历时十一载，他和全国人民一起亲证了一场伟大的胜利，中国人民战胜了吞噬全球几亿生命的烈性传染病天花。

中国消灭天花是中国现代生物制品科学史上重要的里程碑。全世界消灭天花既是人类预防医学科学史上团结合作的成功典范，也是人类公共卫生史上划时代的伟大成就。

更为可贵的是，通过使用人工免疫法，人类消灭了传染病天花，这为人类控制和消除其他传染病提供了宝贵经验。

"天坛株"的科研价值

原兰州生物制品研究所副所长董树林指出："生物制品界，用牛痘苗指称天花疫苗，这是不符合疫苗命名规则的。牛痘苗是由牛痘病毒生产的疫苗。天花疫苗是由天花病毒减毒株生产的疫苗。'天坛株'就是天花病毒减毒株。"

有人曾经对齐长庆的"天坛株"提出质疑："'天坛株'在犊牛身上生产，有可能污染到牛痘病毒，如果是的话，'天坛株'就不是天花病毒减毒株。"

囿于当时中国实验技术的局限性，无法进行真伪验证，齐长庆说："中国的科学技术会发展，'天坛株'究竟是什么，科学会给出答案的。"

随着时间的推移，国外出现了基因测序技术，国内有人将"天坛株"送去美国实验室进行鉴别，美国实验室证实"天坛株"为天花病毒减毒株。再后来，中国也掌握了基因测序技术，经过自己亲自验证，再次验证了"天坛株"的确是天花病毒减毒株，并非是被污染的牛痘病毒。

天花虽然灭绝了，"天坛株"却依旧活跃于科学研究之中，它具有开放性价值，继续服务于各种疫苗研究当中。

中国疾病预防控制中心病毒病预防控制所的侯云德院士，于1984年建立了中国痘苗毒种"天坛株"的基因库，历时十载，对天花疫苗毒种"天坛株"完成了全基因组测序与分析，这是当时中国完成的最大的一个生命体的完整基因组序列，并取得巨大发现。

朱既明院士等人参照美国基因缺失技术，将"天坛株"消除26个毒力基因，包括两个宿主范围基因（含人的细胞内繁殖能力）和24个毒力相关的基因，构建成功新型天花疫苗株，改造后的低毒高效疫苗株，不影响其 DNA 复制和 RNA 转录能力，接种反应轻微，被命名为 NTV 株。

随着基因工程疫苗研制技术的发展，科研人员发现天花疫苗病毒的基因组范围较宽，可以插入多种有效外源抗原基因，研制多价疫苗。

中国科学院生化所以"天坛株"为载体，用基因重组技术表达了HPsAg，并与北京生物制品研究所合作，开发了重组痘苗病毒乙肝疫苗。

病毒研究所也使用"天坛株"，以痘苗为载体，研制多价疫苗。

还有人以"天坛株"为载体，成功研制出兽用狂犬病口服重组疫苗，该疫苗获准在北美和欧洲的野生动物中大范围使用。

国内外数十家研究和生产单位应用"天坛株"载体，进行甲肝、乙肝、麻疹疫苗和 EB 病毒疫苗的研究。

中国疾控中心与国药中生北京生物制品研究所有限责任公司合作组建的邵一鸣团队研制的 DNA—天坛痘苗复合型艾滋病疫苗Ⅱ期临床研究已宣布完成，"天坛株"为该艾滋病疫苗的研制，正发挥着作用……

警惕用天花作生物武器

人类消灭天花的历史已有几十年，它曾经造成的巨大灾难也已淡出人们的视野。然而，随着"9·11"美国遭受恐怖袭击，以及炭疽病菌粉末恐袭事件的发生，这促使人类又开始疑虑是否天花病毒会成为生物武器卷土重来？

首先，人类惧怕恐怖分子利用天花病毒生产生物武器。

历史不会忘却：

1763 年，英国殖民者入侵北美，遭到了印第安人的强烈反抗。英国驻北美总司令杰佛里·阿默斯特爵士，写信给进攻印第安部落的亨利·博克特上校，他建议，能不能设法把天花病毒引入那些反叛的印第安部落中。他说，我们必须采用各种计策征服他们。博克特于是令手下人，将医院里天花病人使用过的毯子和手帕取来，送给了同英军作战的当地两个印第安部落的首领，印第安人很善良，以为对方是向他们表达和解和善意，就收下了染有天花病人病毒的礼物。很快，一种未知的恶病，迅速流行于印第安部落中，印第安人的战斗力被瓦解，被迫投降。英国侵略者对于印第安人的屠杀，不只靠枪炮，还靠了天花病毒。这是英国侵略者把天花病毒用作生物武器的历史，历史会否重演，令人忧虑！

其次，人类也担忧天花病毒会从实验室意外泄漏。

据世界卫生组织的官方信息显示，目前世界上授权存储天花病毒活体样本的地点有两处：

一是，美国亚特兰大的美国疾病控制和预防中心；

一是，俄罗斯联邦西伯利亚州科尔索沃的俄罗斯国家病毒和生物技术研究中心。

世界卫生组织为此还建立了生物安全监督项目。

2011 年美国健康与公共事业部部长凯瑟琳·西贝利厄斯（Kathleen Sebelius）曾经向世界卫生组织提议，将全球最后一批天花病毒继续保存至少五年时间，以供科学家研究。

据香港《文汇报》2014 年 7 月 10 日报道："美国食品和药物管理局位于马里兰州的一个实验室，日前在储物室内发现数瓶被遗忘了几十年的天花病毒。当局怀疑这些病毒是 20 世纪 50 年代的试验品，已把它们转移至高防护实验室，强调无工作人员和公众受感染。"

人类尤其应该警惕恐怖分子利用生物武器进行倒行逆施的侵略战争。

齐长庆曾说："中国是细菌战的受害国，我们不但要有充分的战备制品储备，还要有充分的生物技术储备。生物制品关系到千百万人民的健康，也关系到国家的经济建设和国防安全。生物制品是卫生战线的重工业，是防疫战线的兵工厂。"

也正因为如此，兰州所研制出斑疹伤寒疫苗、流行性出血热灭活疫苗、土拉热疫苗，以及预防、诊断鼠疫、布氏、炭疽的成套制品，和诊断、治疗、预防肉毒中毒的成套制品等。这些战略储备制品，就是国防安全的防火墙。国际恐怖主义形势日趋严峻，很多国家已经生产和储备了天花疫苗，自然中国也不例外。

第九章

为霞尚满天

家事国事

晚年的齐长庆时常看书、读报，手头常备一本大辞典，一把黑柄放大镜和一副扑克牌。他喜欢独自一人玩解牌的游戏，颤抖的手不停地触碰着纸牌，发出"哒、哒"的声音，有时他会突然停下来，琢磨一阵，有时他又断断续续地向家人讲述些什么，这些话语逐渐勾勒出老人的一部沧桑家史和他对个人命运的深入思考：

我出生于世授武职的满族家庭，我的爷爷跟随前清皇帝，为马背上起家的满族皇室管理、驯服良马。我的父亲和两个哥哥都曾服务于衰败的清末皇室，也就是在那时，清廷先后签订了屈辱的《马关条约》《胶澳租借条约》，虽然光绪帝试图挽回颓势，颁布了"明定国是"诏书，宣布变法，然而一百天以后，慈禧太后发动了戊戌政变，变法以失败告终。

1900 年，爆发了义和团运动。进军北京的义和团攻下了涿州，进入丰台。有人还发现了义和团的刻文："最恨和约，误国殃民，上行下效，民怨不伸。原忍至今，羽翼洋人，趋炎附势，肆虐成群……"

势不可挡的义和团攻入北京，设坛 800 多处。迫于义和团的声势浩大的武装斗争，慈禧太后不得不妥协，但剿灭不了义和团的慈禧太后又心生一计，她要利用义和团来打击日益嚣张的洋人。

爱国反帝的义和团狠狠打击了那些平日里不可一世的，屠杀中国人不当回事的侵略者。列强为了保住他们在华的地盘和利益，威逼清政府取缔义和团，并组织军队进行武装干涉。

6 月 17 日，日、法、俄、美、英、德、意、奥等八国联军开始进攻天津。清军和义和团众与侵略者展开了殊死搏斗，给予侵略者重创。7月14日，天津被占领，侵略者屠杀百姓，挨门挨户地洗劫了天津。

天津陷落后，慈禧太后急于向列强求和，还表示愿意道歉、赔款、惩凶，然而八国联军直扑北京。

8月15日凌晨，侵略军开始攻打东华门，慈禧太后携光绪帝及后妃和王公大臣们仓皇逃离北京。

逃跑时慈禧钦点我的大哥长山为她驾车随扈。他们驾车出了京城德胜门，慈禧太后下旨避开人员稠密的大路，走偏僻路径，这样遮人耳目，以防不测。一行人马到达昌西贯市村，一个回民聚集的村落，停马住宿。出于安全方面的考虑，他们不敢亮明身份，投宿到一座清真寺里。清真寺面积不大，而满汉大臣和护卫人数众多，只能露宿野外。大哥将马匹缰绳挽在自己的手臂上，在野外席地而卧。

慈禧一路向西，一直逃到西安，她一直操纵清廷大员们向列强乞求和平。1901年9月7日，奕劻、李鸿章遵旨与俄、英、美、德、法、意、奥、日、荷、比、西11国，签订了耻辱的《辛丑条约》。

西行仓皇出逃了一年零四个月，一直到1902年1月，我大哥护着慈禧太后，随着一行人马，转乘火车，返回了北京。慈禧太后乘舆经永定门，入正阳门，返回长春宫。

丧权辱国、摇摇欲坠的清王朝最终还是没能逃脱历史的裁判，走上了覆灭之路。我大哥未曾料到皇帝溥仪会宣布退位，信奉能忍则安的大哥就此丢了差事，为了讨生活，他开始四处奔波，更为讽刺的是，他途经山东时，遇到复辟帝制的张勋的辫子兵，他们征用列车，大哥被驱离火车，从此杳无音信，徒留亲人心痛不已。个性隐忍、忠君报国的大哥，在那个腐朽的时代，并没有过上太平的好日子。

夫人赵惠臣晚年摄于北京

我的夫人赵惠臣（毓字辈）是前清怡亲王爱新觉罗·溥静的三格格，她的父亲以纵容义和团的罪名，开罪列强。原本慈禧太后借光绪帝之手向各国使馆下战书，意图用声势浩大的义和团打击洋人的嚣张气焰，溥静也随着老佛爷的旨意，积极支持义和团，他把义和团众请进王府，允许他们"设坛祭神"，还提供食宿。其实，他没明白，慈禧太后还想借洋人之手消灭义和团。战书下达四天后，慈禧太后立即宣布停止攻击外国使馆，并派兵保护教堂和使馆，同时对义和团进行镇压。

八国联军以保护使馆，镇压义和团之名，攻入北京城。他们杀人如草、侮辱妇女、纵火劫财、荼毒文明。

法军把中国老百姓赶进死胡同，用机关枪扫射。在大街上，侵略者以诛杀义和团为名，随意砍杀中国百姓。八国联军肆意奸淫妇女，不分老幼，为免于受辱，许多妇女投井悬梁而亡。

占领北京后，八国联军统帅特许军队公开抢劫三日。

那个闻名京城、藏书汗牛充栋的怡亲王府，惨遭洗劫。侵略者破门而入，只要是他们瞧见的物件，古玩、珍宝、字画、摆件，甚至家人身上佩戴的首饰，都在他们野兽般的嚎叫声中被抢夺一空。他们所到之处，就如蝗虫一般，啃噬一空。他们把抢来的物品装车，即便是抬不动、搬不走的东西，他们也不曾放过，彻底捣毁砸碎，门窗被拆得七零八落，光是被砸碎的瓷器就可堆集成山。

那时的北京城里，到处是劫掠，随处见尸体。"文明"二字在这些强盗身上就是块被扯下的遮羞布。

支持义和团的庄亲王载勋被慈禧太后赐死，端郡王载漪先被免职，后被流放新疆，而怡亲王溥静被圈禁宗人府。1900 年 9 月，51 岁的溥静在惊恐抑郁中故去，想要讨好洋人的慈禧太后对其雪上加霜，又顺手把他牵做了替罪羔羊，以"纵庇拳匪启衅"的罪名将其革爵，曾经繁华几世的家人，顿时陷入国衰家破、憔悴悲凉的境地。

从近代开始，中国内部一直纷争不断，虽说 1912 年中华民国成立了，然而其后的北洋政府，在其执政的十多年间，总统频繁更迭，中国遍地的军阀割据，各种派系林立，政治势力纷繁复杂，军事冲突愈演愈烈，导致社会动荡不安。

我的二哥齐长林 19 岁就做了前清皇帝的带刀侍卫。我小的时候，年长我 19 岁的二哥，曾牵着我的小手，带我进紫禁城里玩耍。二哥比大哥幸运，他看到了清末朝廷的颓势，衰败的朝廷已经约束不住宫内太监和宫女们的偷窃行为，他听从母亲的话继续求学上进。二哥毕业于北洋陆军速成武备学堂的辎重科，曾经做过军队里的教官，先后就职于奉天陆军第二混成协辎重队、东三省陆军讲武学堂、陕西陆军将弁学堂、陕西陆军混成协

二哥齐长林

辎重兵独立队。1912年后，他开始追随冯国璋，先后任北京政府京畿禁卫军第一军司令部二等副官、江苏督军公署一等副官、北京政府大总统府侍卫武官，后来于1923年被北京政府将军府任命为陆军少将。

我的四哥齐长增一直就读于军事学校，早年间，他中学就读于清河第一陆军预备学校，后来又去了保定陆军速成学堂学习，最后毕业于北京陆军大学。毕业后，四哥就职于保定陆军军官学校，教授战术课。1922年，一心想学以致用的四哥，在北京政府陆军暂编第一师师长张宗昌的积极招揽下，投身军旅生活，历任参谋、参谋处处长等职，后又担任了张宗昌在山东督办公署的副官长一职。1927年北京政府将军府授予四哥中将军衔。

起初，我的两个哥哥是受家庭影响和生存需要而选择进入军校的，他们毕业以后，也曾是热血军人，壮怀激烈、踌躇满志。四哥身为张宗

四哥齐长增

昌的高级幕僚，追随他左右，参加第二次直奉战争，从东北一直打到天津，一路凯旋，那时的他意气风发，气吞山河，幻想着要打下一片安宁的天下。四哥也曾积极为张宗昌招揽军事人才，他的陆军大学同学李澡麟，经他引荐，结识了张宗昌，并入其麾下任职。他后来又为了替张宗昌挽留住军事人才李澡麟，还特意去北京看望了李澡麟的家属。

　　齐家老宅里，曾经悬挂着一块硕大的匾额，上书四个遒劲的大字："巾帼英雄"，这是两个哥哥为了讨得母亲大人的欢心，特意请书法造诣颇深的徐世昌大总统题写的，这块匾额从一个侧面淋漓尽致地反映了他们以武治国的人生理想。

　　然而，大小各派军阀为了个人利益，你争我夺，常年混战，中国社会更加混乱不堪。1928 年，戎马一生的二哥，年仅 51 岁，便匆匆离开了人间。我的四哥在一次战斗中身负腿伤也解甲归隐，此后的他像变了一

齐长增（左一）、齐长庆（右一），摄于北京四哥家

个人，原是号称"鸿威将军"的他，突然间好似看破世事，厌倦了朝也干戈、暮也干戈的日子，回家建房、种花、植树、品茶、赏月，过起了"采菊东篱下，悠然见南山"的闲居生活。

1937年抗日战争全面爆发，中国再次跌入屈辱而动荡的历史时期，普通民众又陷入流离失所、朝不保夕的生存境遇里。此时的我风华正茂，胸怀科学救国的理想，然而国家动荡不安，我也像一叶孤舟，四处飘零，不断跟着国民政府卫生署撤退、避让，在委曲求全中求生存求抗日。在那些飘摇的岁月里，我虽有满腔的家国情怀，我虽有科学救国的理想，却被残酷的战争机器绞得粉碎，唯有一部艰辛和屈辱的历史如影随形。

1949年中华人民共和国成立，中国社会在长期的历史动荡中，终于稳定了下来，一艘行将破裂的大船终于驶进了宁静的港湾，开始修整，普通民众也逐渐安居乐业，像我这样的科技人员也开始在国家的积极支持下，安心地搞起了科学事业。虽然共和国的天空里我们经历了风风雨雨，但是国家终归还是把握住了航向，躲过了暗礁，走回到正确的航线上，如今的中国在探索发展的道路上披荆斩棘，坚定不移。

纵观我的家庭史和我个人的历史，这百年来证明了一个道理：没有一个和平、安宁的国家，你科技人员本事再大，你即便心血耗尽，中国科学技术不可能持续进步，也不可能让人民的健康水平得到稳定的提高。作为中国人，无论你身处何时，身处何地，国不宁，其他诸事实难实现，个人及家庭的幸福、尊严和祖国的兴衰命运是密不可分的。

回忆我毕生的经历，虽然坎坷波折，但终于在共产党领导下，我完成了建设一所科技机构的梦想。我今已九旬有四高龄，已不能从事具体工作，但我欣慰地看到兰州生物制品研究所的工业总产值翻了好几倍，生产的菌苗、疫苗、抗毒素、类毒素、血液制品、诊断用品已有近百种，各种制品销售全国，受到人民的欢迎，对中国的防疫事业做出了贡献。我毕生从事的事业，在年轻一代生物制品人的继续努力下，日益发展光大，我怎会不欢欣鼓舞、不感奋不已呢！

灵魂栖所

回首往事，齐长庆亲眼目睹中国优秀的知识分子们为了救国救民，不畏困难和强权，坚持不懈地英勇斗争，然而这些努力纷纷均以失败而告终。那时的他怀揣科技救国的梦想，一心为民誓除传染病之害，埋头搞技术，远离政治，拒绝所有党派、宗教、会道门的邀约，然而在内忧外患的处境中，自以为是的独善其身、洁身自好的想法，并未引领他实现救国救民的理想。身陷颠沛流离之苦的他，此时开始意识到光凭科研人员无限的"科学救国"信仰，是无法到达救国救民的彼岸的。苍生水火、韶华同逝的十年间，在动荡的中国，他想要寻觅一处稳定生产生物制品的场所比登天还难，保护民众免于时疫侵扰的理想，在国破山河碎的残酷现实下，一切终成奢谈和泡影。

随着兰州战役的胜利，共产党来了，一个新的时代来了。兰州分处的职员被编入中国共产党领导的革命队伍里，并享受到文职待遇。共产党的政府让他继续担任处长，并给予他充分的信任。担任兰州所所长期间，齐长庆终于实现了人生中最大的一个梦想：建设一所科技机构，研制生物制品，使民众免于传染病的侵害。在国家的大力支持下，他终于有机会尽情地释放出全部的智慧和才华，使最初仅有简陋设备和薄弱科研力量的兰州所，发展成为一个初具规模，具有预防、治疗和诊断各种传染病能力的科研和生产单位，并且其生产能力可以满足西北五省的防控需要。

齐长庆从上中学开始，一直与政治保持距离，自然对共产党人也知之甚少。1950 年西北人民制药厂的干部战士来到兰州所工作，齐长庆目睹了三名共产党员苏乃汾、乔月娥、胡久霆组成了兰州所第一个党小组。随着同历届党组织的党员一起学习和工作，齐长庆逐步加深了对党组织的认识和了解。在共产党的培养和帮助下，1954 年齐长庆当选了兰州市七里河区人民代表、甘肃省政协委员，他还担任了卫生部生物制品委员会委员，甘肃省微生物学会副理事长，甘肃省兽医学会顾问，甘肃省医学微生物免疫学会名誉副主任，他还是甘肃省政协第一、二届委员，第三、四、五届常务委员。党给予的这些殊荣和信任，让他感受到了前所未有的温暖，同时也有了要为党工作的强烈愿望。热爱共产党、靠拢共

兰州所职工学习场景

产党，成为他内心的一种声音。

九三学社、中国民主同盟，这些民主党派负责人多次找齐长庆谈话，动员他加入他们的组织。这些谈话一次次触发了他藏匿于心的某个愿望，这个愿望在他一路的精神跋涉里，似茫茫黑夜里的北斗星辰，指引着方向，既近又远，仰望时，它们就在那里，烁烁发光。

1955 年，齐长庆郑重地向党组织提出了加入共产党的申请。这次入党申请受到了兰州所党委、甘肃省卫生厅党组和卫生部领导同志的重视，他们分别找齐长庆谈了话。然而遗憾的是，由于当时齐长庆的子女有的在美国，有的在台湾军界，情况较为复杂，而且他在北京还有数量可观的家产等诸多因素，尚不能达到入党要求。

1956 年，齐长庆决定将自己位于北京安定门内交道口大二条的 27、

齐长庆油画肖像

28、29 号三套四合院，以及股票七千元捐献给国家。1966 年 6 月国家接收了齐长庆捐献的财产。

1978 年 10 月，齐长庆提出让家人给自己画幅肖像画。人是安安稳稳地坐在藤椅里了，可他的意识似乎飘荡到远方，大概是想到了什么，画像中忧伤的眼睛，泄露了他的心思，嘴唇也因思虑，抿成了一条线。

不久，中共中央组织部召开了落实知识分子政策座谈会。会议认为中华人民共和国成立初期提出的对知识分子"团结、教育、改造"的方针已经不适用于当前的情况，知识分子队伍的状况已经发生了深刻变化，应该继续做好复查与平反昭雪知识分子的冤假错案工作；对于知识分子要充分信任，放手使用，做到有职有权有责；调整用非所学，做到人尽其才、才尽其用；努力改善他们的工作条件和生活条件。会后，中组部发出《关于落实党的知识分子政策的几点意见》。

中央政策传达后，卫生部兰州生物制品研究所对齐长庆的历史遗留问题给予彻底平反，他的历史问题终于彻底得到解决。

卫生部兰州生物制品研究所补发了齐长庆的工资一万多元。齐长庆把大部分钱都贴补给了身边生活困难的人。在北京，他看到已经过世的四哥齐长增的夫人经济拮据，就安排小儿子定期给嫂子送些钱去，好让她的日子过得松快些。

1979年，齐长庆长子齐续晃也经复查为错划右派，经河北省煤炭局党组批准，对他的右派问题给予改正，恢复了政治名誉，恢复了原职原薪。

1980年，齐长庆84岁，人生暮年的衰老心态和他绝缘，思维敏捷的

84岁的齐长庆，摄于兰州生物所图书馆

他倒是喜欢上了种植太阳花，也许这些色彩绚烂的花朵，是他明丽心境的宣示。平日里他总戴着一副黑框的老花镜看书、读报，心里那个未实现的愿望，依旧或明或暗地在闪烁，这盏长明灯，已经燃烧了20多年，从未曾改变——加入中国共产党。

有人不解地问："您都这么大岁数了，加入共产党对于您还有什么意义呢？"

一贯不喜多言的他，慢悠悠地，拖着浓重的京腔说：

"于我个人而言，在共产党的领导和支持下，我终于实现了建设一所科技机构的梦想。共产党给予我充分的信任，继续留我在兰州所担任所长十几年，我这才有机会将自己所有的才能施展出来，中国共产党对我有知遇之恩。以大局而言，在共产党的领导下，中国的生物制品科学才真正得到重视，人民群众才真正免于传染病的侵害。"

"从我的经历来看，我还认为中国共产党有三个了不起：

一是，让中国人民站起来了！中国人民受人凌辱的时代一去不复返！这是一件了不起的大事。

二是，从1949年到今天，社会主义的事业几经坎坷，还经历了十年的劫难，但中国共产党勇于批评自己，坚持真理，随时修正错误，而且中国共产党又将中国恢复到了安定团结的局面，这也是一件了不起的作为。

三是，中国共产党要带领人民走社会主义现代化建设之路，这更是了不起的事业。"

走过人生八十载，"老骥伏枥，志在千里；烈士暮年，壮心不已"的情怀依然在他内心涌动。在中华人民共和国成立30周年前夕，也是他作为生物制品人60多年之际，他再次郑重地向党组织递交了入党申请书，他真诚希望党组织能够接受他的申请，让他在有生之年，继续把一生有用之才和工作中的点滴经验贡献给人民。他恳切地表达道："我是从旧社会过来的知识分子，我从事生物制品工作60多年，曾经幻想过科学救国，我对党的认识经历了一个漫长的过程，我认识到中国共产党之所以坚强有力就是因为她代表了人民群众的根本利益，她的言行始终是以符合人民群众的最大利益为最高标准，因此光明磊落，不谋私利。我希望党组织和同志们能给予我热情帮助，及早助我改掉缺点和错误，并能早日加入中国共产党。"

1981年6月26日，在85岁高龄时，齐长庆光荣地加入了中国共产党，实现了他多年来的愿望，并一次性缴纳党费1000元。

1990年，党中央、国务院决定，向做出突出贡献的专家、学者、技术人员发放政府特殊津贴。1991年，国务院为表彰齐长庆对我国医药卫生事业做出的突出贡献，批准他享受政府特殊津贴。

齐氏物语

晚年的齐长庆也没有闲着，他在很多同事眼里就是智慧的化身，他们有什么问题或者困难，喜欢找他来解决，甚至有人说："老所长睡着，都比有的醒着的人看得清楚！"

1977年，同事张淇火急火燎地来找老所长，他还带着自己的女儿张莉娟。张淇有点急躁地告诉老所长："今年恢复高考，莉娟考得不错，可在填报志愿时，我俩发生了矛盾，莉娟只愿意填写两所大学，兰州大学和甘肃师大，对于其他可供选择的很多专科学校，她固执己见，拒绝填报。我心里很急，如果她没被第一志愿的兰州大学录取，与甘肃师大也基本无缘，更气人的是，她还拒绝填报任何专科学校，结局堪忧，我说服不了她，她同意找老所长来说道说道！"

齐长庆拍拍沙发，让父女两人先坐下，语气舒缓地对莉娟说："我告诉你呀，如果我是兰大的招生老师，我肯定不会招你。"

"为什么？"莉娟的眉毛和语调向上扬去。

"因为你已经31岁了，培养价值比年轻学生小，兰大是一个研究型的大学，我更愿意招收分数比你低一点的年轻人来培养。"

沮丧在莉娟的眼睛里徘徊，齐长庆微微一笑，继续说："如果我是师大的老师，我肯定会选择你！"

"为什么？"莉娟的语气被糊涂二字拉升。

"因为你这个岁数比年轻人要沉稳，还有当过老师的经历，培养你价值很大，将来分配到学校里，你很快就会成为骨干教师。"

"所以，兰大你不要报，你报师大。再一个呢，十一个志愿，你干嘛都不报啊！师专你也应该报。我告诉你，国家要发展，没有知识不行，批判臭老九，老九不能走，不管师大师专都应该报，上了学和没上过学，是不一样的。你把庆阳师专这些都报上，十一个志愿可别浪费呀！"

莉娟回到家，立马修改了第一、第二志愿，还将其他可供选择的各类师专院校全部填报。最终，莉娟被甘肃师大生物系录取。老所长所言非虚，莉娟成为优秀的老师，她的学生因她又迎来了精彩的人生。

晚年时的齐长庆已经不再是那个兽医学校里口拙的学生，他变得十分健谈。他和家人的一些谈话，很耐人寻味。

他说，我已经快一百岁了，百岁老人告诉你们人生有顺境，有逆境。逆境好过，顺境难过。为什么呢？人生中处于顺境的时候，头上悬着四个大字："忘乎所以"，人生出问题，往往全部出在顺境当中。而人生在

齐长庆和儿子们合影，1987 年摄于北京八宝山

逆境时候，对一个人的一生是一个考验，反而处处小心谨慎，事事努力向上。如果一生中把顺境都当逆境来过，则一世平安。

他还说，人生等于机遇加才能。只有机遇没有才能不行，只有才能没有机遇仍然不行，所以不能怨天尤人，那怎么办呢？人生不是抓住机遇，人生是要不断地创造机遇，什么是最好的创造机遇？就是努力工作，一辈子不发牢骚，一辈子不要泄气，一辈子不后悔，一辈子不要放弃努力，造就一个平衡的心态。当职位比别人高时，不要瞧不起别人，很可能他比你有才能，只是没有机遇而已。

按照惯例，通常孙辈都在老人家里过周末，他们知道，老人有一套固定的生活程序：清晨，摘掉黑色发套，然后用颤抖的手，拧干浸在一盆热气腾腾的水中的毛巾，顺着头发从前往后擦拭，然后重新投一把毛巾，在脸上敷一会，再慢慢悠悠地擦洗面部，最后用香皂再次洗手、擦拭干净。漱口后，戴上假牙，吃些简单的早点，开始读书、看报。他一般不干涉孩子们的活动，除了孩子们早上长时间赖床时，他会有点动气，忍耐不住，撩起孩子们房间的门帘，大声说：九点了，赶紧起床！

孩子们黏在床上片刻之后，也都乖乖地睁开眼睛，爬起来，该干什么干什么。有时候，老人家看着孙辈，也不知道为何会在那里发乐。孩子们疑惑地看着他，觉得是他心情好而已。有时候，老人家会将孩子们叫进他的房间，说："我们聊聊吧。"

孩子们立刻感觉窘迫，因为多半是聊学业之事，也预感到老人家知道自己最近成绩不佳，免不了被数落了。

老人家却说："我想告诉你们一个幸福的秘方。"

大家顿觉松心："什么秘方？"

"早先时候，念四书五经，我口笨，先生觉得我朽木不可雕也。"

孩子们沉默……有点难以置信。

"虽然我是老小，我父母，也就是你们的太爷爷、太奶奶 / 太姥爷、太姥姥也不偏疼我，因为我口笨。"

孩子们有点同情地看着老人："那然后呢？"

老人笑了笑："我上中学后，改变了自己拖沓的做法，开始认真地学习。学校离我家里比较远，我坚持步行到学校，既锻炼了身体，也培养了毅力。"

"后来呢？"

齐长庆带孙辈在黄河边玩耍，1981 年摄于兰州黄河边

"因为我一直不停地努力学习，找到了自己的学习方法，还发现了学习中的乐趣，接着进了高等学校，我还是珍惜时间，尽可能多学点未知的东西。"

"您爸妈，最后喜欢您了吗？"

"可惜我父亲去世的早，我母亲因为我努力学习，帮她减轻了交学费的压力，她很欢喜，她一直也盼着我读书进取。我的一生都是在学习中度过的，在学习中，我知道了自己该往哪里去，在学习中，我知道了落后挨打的滋味，也是在学习中我进步神速，还是在学习中，我获得了别人的尊敬。"

"好好学习，挺难的！"

齐长庆和孙辈爬长城，1980年1月摄于北京八达岭长城

"如果你觉得学习苦，还是因为你没找到学习的乐趣。人一辈子要学习，从来没听说过谁因学习脑子学坏了的。我退休了后，仍然要看书读报，为什么？一个人要了解社会，了解国家大事，了解科学发展。"

"您可以告诉我们那个幸福秘方了吗？"孩子们用期待的眼神看着老人。

老人乐了："通过不断学习收获的人生，才是最大的幸福。"

天伦之乐

20世纪80年代初，齐长庆居住于兰州所福利区东边的老楼上。1949年离开大陆定居于美国的三女婿许保罗来信告诉老人，他想带着自己的

三女儿齐续慎全家合影，1979 年摄于美国

齐长庆和三女儿夫妇合影，1980 年 1 月摄于北京

儿女，来兰州探望岳父大人。三女婿知道，因为他们夫妻的历史缘故，"文革"中令老人家吃了不少苦头。许多年来，老人也未曾有机会见到自己的外孙和外孙女。

许保罗年轻时与齐家的三儿子交好，常去齐家大二条串门，也就是那时，瞅见了未来的妻子，于是穷追不舍，终获良缘。然而此时，几十年后，许保罗孤雁独飞，齐长庆的三女儿齐续慎，也就是他的妻子刚刚病逝不久。

暮春时节，女婿许保罗携已成年的儿女，从美国加州来到中国兰州。他们三人被迎进福利区东楼，顺着楼梯，走上二楼，迈步进入事先已经敞开的房门，屋内站着等候他们的齐长庆和白旭贞，两个老人笑吟吟地瞅着不远万里来探亲的家人们。

外孙、外孙女好奇地参观这套房屋，走过一条较暗的过道，顺着曲折的通道，左侧有三间陈设简单的房间，其中一间是客厅，里面摆放着一大两小罩着蓝色化纤布料的沙发，在一个小柜子上，放着一台电视，电视上罩着一块白色的钩针织物；其余两间屋里，除了桌椅、木箱、床铺和一些花边的装饰布之外，也没有多少物件；通道右侧的拐角处，是一间盥洗室，往南有一间大小只容得下一个抽水马桶的卫生间；最南面是一间厨房，灶台的对面放着一张可以折叠的餐桌，旁边摆放了几个折叠凳。

女婿一家人，携带着大大小小的行李箱。外孙有一个别致的小皮箱，里面挂满了适合不同场合佩戴的领带或领结，很快他发现盥洗室的水龙头里，是淌不出热水的。两个大孩子倒也不十分挑剔，用暖水壶就解决了卫生问题。一米九的哥哥和一米七的妹妹，每人占据了一个铺着白色床单的单人木床，这里便是他们最为惬意的私人空间。

齐长庆和家人，送别三女婿一家人，1982 年摄于兰州车站

　　三女儿的离世，让齐长庆回忆起 1949 年依依不舍的分别，以及多年后，她第一次回国时，抱着自己泣不成声，"爸爸，您受苦了！"言犹在耳，人已远去。

　　现今，女儿的家人就围坐在他身旁，在浓郁的茉莉花茶的香气里，飘散出淡淡的忧伤。一家人都尽力回避谈起离人之事，大家脸上始终挂着淡淡的微笑。女婿发现 86 年的光阴，并未销蚀老人敏捷的思维，反倒是老人温暖的笑语融化了女儿一家人沉重的思念。

　　在姥爷的安排下，外孙和外孙女游览了被誉为金城的兰州城。又在姥爷的提议下，大家步行绕道小路，屏住呼吸，穿过积有农家堆肥的场地，踩着硬石和软沙，近距离体验"吹沙走浪几千里"的黄河。孩子们捡拾起扁平的黄河石，面朝哗哗东流的黄河水，侧身打出一串串飘溅的水花。

由姥爷做东，在兰州悦宾楼里，孩子们享用了丰盛的中式大餐。纠结于减肥情结的外孙女，在兰州鲜美涮羊肉的撩拨下，大快朵颐。最后一日，大家不愿远行，晚饭便定于食堂。一直没机会穿礼服的外孙、外孙女，借食堂之宴，以盛装之仪，酬答姥爷的盛情款待。

食堂斑驳的木制大圆桌上，是兰州所厨师烹制的美味佳肴。一家人围坐在一起，脸上依旧是淡淡的笑容，心底却似炒锅下燃烧的旺火。饭后，大家一脚踏进了满天的星光里，心里的那团火，在微风中渐渐熄灭，离愁一点一点爬上了心尖……

佳士有约

平日里，不时有新老朋友来家里坐坐。

1984 年，一个秋高气爽的周末，甘南卓尼的最后一代藏族土司，时任甘肃省人大常委会副主任的杨复兴，穿一件藏青色毛呢大衣，由秘书陪着，拄着拐杖，来到齐长庆家中。落座之后，客厅里色彩斑斓、绮丽怒放的秋菊，引起杨复兴的兴致，他有点吃力地起身，凑近花朵，轻抚花头，嗅其芬芳，赞叹道："这花好看！"

菊花淡淡的冷香和茉莉花茶浓郁的暖香，在空气中明暗浮动，两人兴致勃勃地拉着家常。杨复兴话锋一转，说："齐老，讲讲你的故事？"

齐长庆抿了一口茶水："我从 17 岁进入陆军兽医学校，到告老还乡，一直从事生物制品研制工作，前后呢，主要在中央防疫处、蒙绥防疫处、西北防疫处，也就是现在的兰州生物制品研究所，这三个中国防疫机构工作。"

杨复兴点点头，若有所思地问："蒙绥防疫处，那应该在内蒙古了，当时是个什么情况？"

"当年，绥远省和察哈尔省的交通不是很便利，防疫人员，经常得坐着马车，一路颠簸，赶到当地解决兽疫问题，但那时，也不觉得辛苦。后来，日寇入侵，我们无法在那里继续工作，退入内地长沙，卫生署要求我恢复蒙绥防疫处的建制，当时阿拉善旗的达王恰好在兰州，我跑去和他商量此事，他特别支持我，愿意用他在阿拉善旗的王府做生产场所，可必须要宁夏主席马鸿逵的批准才行。"

"后来咋样了？"杨复兴好奇地追问。

"我见了马鸿逵，发现他只感兴趣把我纳入他的管辖之下，自然此事就谈不成了。事与愿违，只好作罢！"

"一直以来，我都努力和政治保持距离，政治却不离我左右。自打我投身于生物科研，总以为科学就是单纯的，和政治没有半点瓜葛，故土沦亡才使我认识到科研人员根本不可能遗世独立。"

杨复兴认同地点点头。

"齐老熟悉达王？"杨复兴再次追问。

"认识，达王这个蒙族王爷十分开明，他娶了爱新觉罗·载涛的女儿，很可惜，听说他在'文革'中去世了。"

杨复兴说："其实达王当时对阿拉善旗没有控制权，马鸿逵为侵占阿拉善旗，把他及家人软禁在银川，后来达王为了摆脱马鸿逵的控制，想办法来到兰州，在兰州也同样受到国民党的监视和软禁，他也是历经各种磨难，才回到阿拉善旗的。"

齐长庆也曾听说马鸿逵和达王有矛盾，但没承想，还有这么一档子事儿，他此时才恍然大悟，那时的达王为何欲言又止，似乎有什么隐情，谜底今日揭晓，原来他是在马鸿逵的逼迫下离开阿拉善旗的，自己当初还想到他的地界去生产生物制品，其实那时的马鸿逵已经鸠占鹊巢，如果自己当初真的踏入阿拉善旗，那日子肯定也不会好过。

"杨主任怎么对达王的历史这么清楚呢？"齐长庆不解地问道。

杨复兴脸上展露出一丝笑意："我的妻子达芝芬是达王的二女儿。"

齐长庆笑了："看来，咱们还要添份亲缘之情了！"

分属满藏两个民族的人，年龄相差很大，出生地理位置也相去甚远，突然在交谈中发现，毫不相干的彼此，原来在时空交错中，有一处交集，两人不由得惊叹道，人生真是无奇不有、似真似幻，却又不失毫厘，你中有我，我中有你，倏忽间，过往云烟，已成古今。

临别之际，齐长庆握着杨复兴的手，嘱咐家人送上几盆形态迥异的秋菊。没几日，杨复兴又回赠来甘南特产香菇。

甄载明既是齐长庆在陆军兽医学校的学弟，也是他的好友，曾任邓宝珊将军的秘书多年，也曾在西北防疫处工作过。新中国成立后，甄载明成为甘肃省文史资料研究委员会委员和甘肃省文史研究馆馆员。

齐长庆晚年时因手抖，不能写作，他告诉甄载明，想写回忆录。作为文史资料研究会的委员，甄载明觉得学长的回忆录可作历史资料留存，在完全不考虑他自己也是70多岁老人的情况下，欣然承担起帮助齐长庆完成心愿的重任。随后，在齐长庆家中客厅的一角，出现两位体格消瘦、神情专注的老人，他们坐在一块覆盖有玻璃板的长方形木桌旁，一个口述，一个在一叠厚厚的稿纸上笔录，一丝不苟地执行着他们的写作计划。

每次，甄载明会将整理完的稿件，封入牛皮纸文件袋内，用俊秀的毛笔字，书写好地址，寄给齐长庆进行校对。最终，在两位老人的共同努力下，写下了一段关于中国生物制品研制的珍贵历史资料《蒙绥防疫处从筹建到迁来兰州》。

1981 年，王成怀试制 A 型产气荚膜梭菌肠毒素时的场景

齐长庆和夏汀，20 世纪 80 年代初摄于兰州黄河边

齐长庆和兰州所同事（前排左一范志、左二王念，前排右一苏新会、右二段珊楣等）合影留念，摄于天安门广场

最常来家探访的，是那些与齐长庆一起奋斗过的同事和他们的家人，如王成怀、张慧卿、夏汀、王念、冯若兰、毕锡正……

王成怀，1982 年成为兰州制品研究所所长，他经常来看望老所长，见到老所长，他就像初入学堂的小学生，恭恭敬敬地与先生讲话，圆圆的脸上，眼睛眯成了一条缝，时不时地绽放出像花朵一样迷人的笑容。他常说老所长把他当作自己的孩子一样看待，他还谦虚地说，要不是老所长给我指明了研究方向，我也不会取得后来的成绩。

夏汀副所长，是位老革命，曾经在新四军里和国际战士奥地利援华医生罗生特一起工作过，他家住在一楼，每逢他家小院里的葡萄熟了，他的夫人王念便会送来几串，请老所长品尝。在一串朗朗的笑声中，戴着黑框眼镜的王念，兴致勃勃地向白旭贞介绍她的葡萄新品种，一种叫玫瑰香的葡萄，的确，这种葡萄口感香气浓郁。

张慧卿，生物制品界里早期的女专家，大家总习惯称她为张科长。张慧卿喜欢养花养猫，她会时不时地打来电话："旭贞呐，我家里有花开了，花香四溢，美不胜收，你们赶紧上楼来赏花啊！"

　　蓝春霖博士晚年身体欠佳，住在四楼的他不便下楼走动，只要听说齐长庆居住在外地的孩子来兰州探亲，定会派夫人冯若兰来喊孩子们上楼一叙。

　　兰州所职工小史，他们一家三口也会来看望老所长。因住房紧张，小史一家人曾经和老所长夫妇同住在一个屋檐下，两家人一起度过了一段美好的岁月。

　　兰州生物制品研究所，凝结着齐长庆后半生的热爱和期盼。北京生物制品研究所曾想调他回去，思乡情切的他却犹豫了，他深爱兰州所，他也舍不得所里这些来自天南地北、志同道合的同志和朋友们。

从左至右：冯若兰、张慧卿、齐长庆、白旭贞，1986 年摄于兰州

90 岁的齐长庆摄于兰州所生产科研大楼前

庆祝齐长庆 90 岁生日，1986 年摄于兰州所

殷绥亚是典型的南方人，毕业于东吴大学生物系，1953 年分配至兰州生物制品研究所，历任组长、疫苗室主任、所长等职，他经常笑称："我是被齐所长骗来的！"除了他，还有很多人也说过，自己是被齐所长骗来的。这么多人被齐所长骗到了兰州所，那他怎么能说走就走呢？他当然得留下。

齐老真的老了，挺直的腰板，渐渐有了弧度，出门需要带着拐杖，兰州所的领导和同志们，还是一如既往地敬重他，看见老所长，大家会主动迎上去问候他。

齐长庆 90 岁生日那天，在兰州所图书馆的会议室里，由殷绥亚所长主持，同事们为他举行了隆重的庆生宴会。食堂师傅还精心制作了一个巨型的生日蛋糕，老人欣喜之余，连忙对托举着蛋糕的家人说："快送幼儿园，请小朋友们吃蛋糕！"

老所长的朋友吴庭富送来了他的墨宝，一个寿字。西北师大的副院长雪祁（马竞先）也送来了一副对联："大肚能容容天下难容之事，开口便笑笑世间可笑之人。"书法造诣深厚的甄载明也手书了一幅祝寿对联："期颐开寿域人瑞同钦，兰桂竞芬芳潜德永辉。"那一天，鲐背之年的白首老人笑得像孩童一般灿烂，果真是应了那句话，"高怀见物理，和气得天真"。

叶落归根

1990 年 9 月 22 日，第十一届亚运会在北京隆重开幕，中华台北队首次亮相于首都北京，观众报以雷鸣般的掌声。身在兰州的齐长庆，他也很激动，在接下来的日子里，他一直很关注亚运会的女篮比赛，台北女

15 号齐璘投篮，1990 年北京亚运会台北女篮和朝鲜女篮比赛

93 岁的齐长庆，1989 年 12 月 26 日摄于家中

篮里有个打球很棒的 15 号主力中锋齐璘，她是齐长庆从未谋面的孙女，原本有午休习惯的他特别兴奋，中午也不休息了，晚上也睡不着了。

甘肃人民广播电台的体坛瞭望节目组通过"亚运带我回故乡"的录音专访，促成了爷爷齐长庆和孙女齐璘的隔空对话。气力不足的齐长庆，声音有点颤抖，眼睛里噙着泪水，对齐璘说："你打球由头到尾我都看过，我很高兴，你虽然是台湾代表，到底是中国儿女，你应该努力学习，有机会爷俩在北京或者兰州能够见一面。我虽然年老，我还希望两岸统一，我们一家也可以团聚一处，共同生活。"

齐璘第一次来到大陆，她也非常兴奋，在北京听到熟悉的乡音，看

齐璘（右一）与父亲齐续昀、母亲许曼华和弟弟齐大嘉，摄于台湾

到熟悉的面孔，她觉得处处很亲切，到底都是中国人。她对爷爷说："爷爷我在北京没有看到您，非常遗憾，下次还会有机会啊，都为了比赛，大家也都很紧张，比赛完了，看看有没有时间陪着爸妈回去看您，我爸爸妈妈现在已经回去兰州看您了，希望您身体还是很好，听我爸爸说您身体依然很健朗啊，如果下次我自己来的话，我一定到兰州去看您。"

1945年抗日战争胜利后不久，齐璘的父亲齐续昀加入抗日名将孙立人将军率领的精锐部队新一军的干部教导总队，先在东北受训一年，1947年秋，18岁的齐续昀随新一军奔赴台湾。

离家时，齐续昀好似挣脱牢笼的云雀，欢天喜地，因为他觉着父亲不喜爱他，总是惩罚他，远走高飞不啻为一次彻底的解脱。

齐续昀（前排左一），1946年摄于东北

到了台湾，当地的气候让齐续昀吃尽了苦头，他患上了疟疾，皮肤长疮、长癣，备受折磨的他，病病歪歪了一年，这才渐渐适应了台湾的气候，身体也越来越强壮，他把这个功劳归于齐家遗传给他的好基因。

解放战争时期，国共交战，国民党兵败如山倒，急需补充干部，经过半年的严格训练，20岁的齐续昀升为军官。有一回，他听别人说大陆同胞的生活异常艰苦，自此，黑夜带着他一次次回家，梦醒时分，一次次涕泗横流。

齐续昀自知学识不好，身上总带着两本小书，一本是三民主义，一

齐续昀眺望大海的那一边，20 世纪 50 年代摄于台湾

齐续昀（右），1949年摄于台湾赤崁楼　　　齐续昀（右）与友人合影

本是王云五小字典；他事事努力向上，争做第一，又仗着一口纯正的北京话，很快晋升为中级军官。

1967年，齐续昀和许曼华结婚，孤独的游子终于有了一个温暖的家。因是步兵，齐续昀未曾与解放军直接交战过，他曾经驻守澎湖三年，驻守金门三次，每次三年，军旅生涯35年，以上校军衔退休。

离家40年的他极度渴望亲自回家看看父母和兄弟姐妹。1987年，在海峡两岸尚未开放时，他绕道日本，悄悄返回北京探望亲人，这才知道讷讷（母亲赵惠臣）不在了，大姐（齐续蕙）也不在了。父亲齐长庆带着所有子女，到讷讷墓地祭扫，齐续昀因母亲的离世，在墓地哭得肝肠寸断。

齐长庆和齐续昀，1990 年摄于兰州

　　齐续昀在北京停留了 7 天，回到台湾，警察便找上门来，调查他回大陆之事，还要求他去警察局做了笔录。两年后，台湾开放了大陆探亲。

　　这次女儿齐璘参加亚运会，他和妻子也回到大陆，看望居住在兰州的父亲和娘（白旭贞）。这次齐续昀的心情十分愉悦，同父亲闲聊时，他惊讶地发现 90 多岁的父亲一点也不糊涂，而且计算能力极强，父亲很快能算出他这个儿子出租房屋能赚多少钱。

　　时间之手浑然不觉地推倒了父子间那堵无形的墙。齐长庆不错眼珠儿地盯着依旧活泼外向的儿子，他正在兴致勃勃地给侄子和外甥展示他神奇的魔术，父亲的眼睛无声地抚摸着儿子坚毅的面庞，他断定儿子还是那个儿子，只不过腰板比少年时更加挺直，他仿佛能穿过时光的隧道，看见儿子站在仪仗队（台湾称为仪队）之首的飒爽英姿，他再次审视儿子，儿子已不是那个儿子，他已经适应了台湾的气候，黝黑的皮肤上泛着一层光泽，儿子再也不是那个在台湾花莲呐喊"我有扬帆远渡的心情，去吧！远远地去吧！永生永死也不打算回来的去吧！从你们的世界消失，从你们的社会，从你们的环境里，消失掉自己，我要永远不再想念那里……"的儿子。

齐璘是幸运的，她和爷爷有过这次隔空录音对话。齐璘又感觉很遗憾，她终究再也没有机会见到爷爷。

1992年初，齐长庆因鼻部感染而引发肺部感染，住进兰州陆军总医院，此时的他已经预感到生命将逝。在时断时续的睡梦里，有一个人在呼唤他，他挥舞着手回应道："妈！妈！"恍恍惚惚的他，向陪床的小女婿发急地喊道："快、快，递给我手杖！"惊醒后，满脸倦容的他对子女们提出了一个要求："我要回北京！"原来，他心底里渴望落叶归根，因为母亲在喊他回家呢。

齐长庆共有十子五女，众多的子女从四面八方齐聚兰州，大家眉头紧锁，忧心忡忡，紧张商量后，一致决定满足老人的愿望，送他回家。回家的日子定了，那一天，齐长庆非常清醒，他拒绝进行任何治疗，也拒绝进食和饮水，他要亲眼目睹子女们送他回故乡。

昔日，秋风萧瑟，他独自一人乘坐军用飞机来到这片植被稀疏的黄土高原；今日，乍暖还寒，他被兰州生物制品研究所的职工簇拥着，抬上了中国西北航空公司一架T-154M客机，在同事们依依惜别的祝福声

齐长庆遗像

中，在众子女的陪伴下，他躺着踏上了生命的归途。

1992年3月16日，齐长庆在北京逝世，终年96岁，骨灰安放于北京八宝山革命烈士公墓。

1992年3月25日，中国共产党甘肃省委员会统一战线工作部致函卫生部兰州生物制品研究所："惊闻我国生物制品事业的奠基人，著名老专家、兰州生物所的创始人齐长庆同志因病逝世，这是我国卫生事业的一大损失。齐老一生爱国、爱党、爱社会主义、爱科学、爱人民，献身生物制品事业，做出了不朽的贡献。齐老人品高尚、光明磊落、爱惜人才、尊重知识，是一代科学工作者的榜样和楷模，值得人们永远学习！在此，特向家属及子女致以亲切慰问！"

2020年3月31日，CCTV-4国家记忆向世人告知："1926年，一个30岁的年轻人下定决心，要用中国的毒株生产中国的疫苗。他就是中国生物制品事业的奠基人和开创者——齐长庆。在中国消灭天花的战斗中他居功至伟，同时，新中国狂犬疫苗的研制他也功不可没。"

齐长庆一生从事中国卫生防疫事业，他既是具有创见的学者，也是科学事业上的实干家；他孜孜不倦地推动中国生物制品的研究和生产工作，将全部热爱和才华奉献给了祖国和人民，自始至终都是一名真诚的中国生物制品人。

后　记

　　为什么要写我姥爷齐长庆的传记？因为他老人家生前特别想把中国生物制品的发展史告诉给后人，希望他们以史明鉴，奋发图强，继续为中华民族的繁荣富强贡献力量。在他晚年时，我看到他时常因为手抖，不能书写而懊丧不已。我的姥姥和父母，就成了他口述历史的记录人，然而这些内容并未真正集结成册过，他的愿望也未曾实现过，我这才有了一个念头：写一本有关他的书，帮他完成愿望。

　　2018年初，我阅读了姥爷留下的全部资料，又查阅了诸多史料和档案卷宗，也请教了相关人士，开始动笔写这本书。在写作过程中，很多人曾经帮助过我，特别要感谢原兰州生物制品研究所副所长董树林，他是位治学严谨的生物制品老专家，为我提供了科研方面的资料，还不辞辛苦地为我详细讲述了相关历史。

国药中生兰州生物制品研究所有限责任公司也给予我大力支持，党群工作部部长于丽萍同志亲自带领我参观了公司文化展厅，并为我提供了宝贵资料。原兰州生物制品研究所的朋友、长辈们也给我讲述了他们的亲身经历，尤其是原兰州生物制品研究所党委副书记王龙友提供了大量详实的历史资料。

　　同时，我的家人们也给予我各种帮助，齐名哥、齐伟哥、大征哥、大嘉弟，都热情地帮助过我。

　　在此，衷心感谢大家的真诚帮助，也正因为有你们的热情支持，我才能完成他老人家未了的心愿。

　　文中若有不当之处，也敬请大家批评指正！

高　齐

2020 年 5 月